Potsdam.

Der illustrierte Stadtführer

von Joachim Nölte

Inhalt

Babelsberg
Weberviertel, Park, Filmstadt und Wissenschaftsstandort 117

Die Umgebung Potsdams
Die Havel auf- und abwärts 133

Serviceseiten 139

Herzlich willkommen in Potsdam

Treten Sie ein – durch Stadttore, Schlossportale, Haustüren, Gartenpforten. Entdecken Sie Erlebniswelten, wie sie unterschiedlicher nicht sein können. Potsdam hat viel zu bieten, und das wollen wir Ihnen zeigen. Und wir wollen Ihnen die Geschichten dazu erzählen, denn Potsdam ist voll von Geschichten. Die handeln von Königen, klugen und mutigen Frauen und Männern, von Aufbau und Zerstörung, vor allem aber von den schönen Parks und Schlössern, die Potsdam weltberühmt gemacht haben. Sie werden erfahren, warum ein Gang durch Potsdam zuweilen wie eine kleine Weltreise anmutet, wenn Sie plötzlich vor russischen Blockhäusern stehen, vor einer maurischen Moschee, vor holländischen Giebelhäusern oder englischen Burgen.

Wir haben in unserem Buch Potsdam in Erlebnisbereiche aufgeteilt und daraus fünf Kapitel gemacht. Da ist zunächst der Park Sanssouci und seine unmittelbare Umgebung. Eine Fülle an wundersamen Dingen erwartet Sie hier: Schlösser, Tempel, Pagoden, Villen und ganz unterschiedliche Parkanlagen. Dann stellen wir Ihnen die historische Innenstadt vor, die vor rund 270 Jahren planmäßig angelegt wurde und heute ein ganz eigenes Flair besitzt. Wir führen Sie in den Potsdamer Norden. Auf verwunschenen Pfaden spüren Sie königlichen Räumen nach und erleben den Zauber der Potsdamer Kulturlandschaft. Sie lernen Babelsberg kennen. Dieser facettenreiche Stadtteil erzählt von berühmten Leuten: Politikern, Künstlern, Wissenschaftlern. Hier zieht das ganze 20. Jahrhundert an Ihnen vorüber. Schließlich erkunden wir gemeinsam die Umgebung entlang der Havel.

Durch jeden dieser Erlebnisbereiche führen mehrere Touren. Wie aus einem Baukasten können Sie sich so Ihren Potsdam-Aufenthalt zusammenbauen. Auf den gelben Seiten finden Sie – passend zur Tour – unsere kleinen Geschichten. Sie werden Ihnen helfen, einen Blick hinter die Fassaden zu werfen.

Ein umfassender Serviceteil ergänzt das Informationsangebot. Hier erhalten auch mobilitätseingeschränkte Gäste Hinweise für einen erlebnisreichen Aufenthalt.

Unser Stadtführer soll die erste Begegnung mit Potsdam erleichtern. Er soll helfen, in knapp bemessener Aufenthaltszeit möglichst viele Eindrücke dieser schönen Stadt zu sammeln.

Herzlich willkommen!

Ein paar Tipps auf den Weg

... für einen gelungenen Aufenthalt in Potsdam

Potsdam ist zu jeder Zeit eine Reise wert: im Frühjahr, wenn sich in den Parks und Gärten das junge Grün zeigt, im Sommer mit seiner Blütenpracht, im goldenen Herbst und auch im Winter, wenn man auf den Gewässern um Potsdam Schlittschuh laufen kann. Trotzdem gibt es eine ideale Reisezeit. Die liegt zwischen Mitte Mai und Mitte Oktober. Denn dann sind garantiert alle zugänglichen Schlösser und Aussichtstürme geöffnet, dann haben die subtropischen Pflanzen die Orangerien verlassen und schmücken wieder die Schlossgärten, dann zeigt sich auch das Wetter meist von seiner freundlichen Seite.

Die **Potsdamer Schlösser** sind größtenteils für den Sommeraufenthalt der preußischen Könige gebaut worden. Nur Schloss Sanssouci, das Neue Palais und Schloss Cecilienhof öffnen daher ganzjährig für die Besucher ihre Pforten. Die anderen Schlösser bleiben in der Wintersaison geschlossen oder haben nur an Wochenenden geöffnet. Egal, ob Sommer oder Winter: Montags bleiben die Schlösser zu. Ausnahme ist das Neue Palais, es hat dienstags Schließtag.

Ganz gleich, ob die Schlösser geöffnet sind oder nicht – die **Parks und Gärten** sind immer bis Sonnenuntergang zugänglich. Sie gehören ebenso zum Weltkulturerbe wie die kunstvollen Bauten. Die Garten- und Landschaftsbilder mit ihren raffinierten Wegeführungen und überraschenden Sichtbeziehungen sind es wert, mit viel Muße entdeckt zu werden. Ein freiwilliger Eintritt hilft, sie zu bewahren.

Wer sich bei den Potsdamern unbeliebt machen will, der tut dies am besten mit der Bemerkung, Potsdam sei der schönste Vorort von Berlin. Berlin ist Berlin und **Potsdam ist Potsdam** – bitte keine Rangordnung! Man sollte nicht vergessen, dass Berlin und Potsdam erst seit 1920 eine gemeinsame Stadtgrenze haben. Davor lag zwischen beiden Städten brandenburgische Provinz.

Abschlussfeuerwerk während der Schlössernacht

Alljährlich am zweiten Wochenende im Monat August findet ein ultimatives Highlight statt: die **Potsdamer Schlössernacht**. Festlich erleuchtete Schlösser bilden die traumhafte Kulisse für ein opulentes kulturelles Spektakel. Auf vielen Bühnen wird Theater, Musik, Literatur, Tanz und Kleinkunst geboten. Ein Kunstmarkt lädt zum Stöbern ein, und die besten Köche aus Potsdam und Berlin verwöhnen die Gaumen. Den Abschluss bildet ein spektakuläres Musik-Feuerwerk. Die Eintrittskarten werden lange im Voraus verkauft. Viele Hotels locken für diese Zeit mit Pauschalangeboten inklusive der Eintrittskarten für die „Nacht der Nächte".

Vergessen Sie beim Besuch von Potsdam auf keinen Fall den Fotoapparat! Kaum eine Stadt bietet so viele **Fotomotive**. Durch die Ansammlung von ganz unterschiedlichen Baustilen können Sie – wieder zu Hause angekommen – den Eindruck erwecken, Sie hätten fast ganz Europa bereist. Und die vielen Sichtachsen, bewusst angelegte Fernblicke in die Schlösserlandschaft, ... und dann sind da natürlich die Parks und Schlösser selbst. Den einen mag die Baukunst beeindrucken, der andere findet die schönsten Motive in der Natur.

Lassen Sie sich von den vielen historischen Bauten nicht täuschen, Potsdam ist eine **junge Stadt**. Die meisten der rund 150.000 Potsdamer wohnen in Häusern, die jünger als 30 Jahre sind. Potsdam ist eine Studentenstadt. An drei Hochschulen lernen rund 25.000 Studenten. Für die Kinder der Stadt verzeichnet die Statistik 130 kommunale Spielplätze.

Schließlich: Fragen Sie in Potsdam niemals „**Wo ist hier das Schloss?**" Die Potsdamer ahnen bestimmt, dass Sie Schloss Sanssouci meinen. Weil es aber neben Sanssouci noch 20 weitere Schlossbauten in und um Potsdam gibt, entlarven Sie sich so als ahnungsloser Anfänger.

Zeit für Potsdam

Ein Tag in Potsdam

Selbstverständlich besuchen Sie den **Park Sanssouci**. Die Zeit wird nicht ausreichen für alle Sehenswürdigkeiten der riesigen Anlage. Folgen Sie unserer Tour 1. Sollte der Besucherandrang am Schloss Sanssouci allzu groß sein, dann sind die benachbarten Neuen Kammern mit ihren prachtvollen Räumen eine gute Alternative. Nehmen Sie sich Zeit für die **historische Innenstadt**. Vom Park-Ein- und -Ausgang „Grünes Gitter" sind es nur wenige Schritte zum Brandenburger Tor und von dort in die typischen Altstadtstraßen. Folgen Sie Tour 4 in entgegengesetzter Richtung.

Zwei Tage in Potsdam

Jetzt bleibt Ihnen **mehr Zeit für Sanssouci**. Sie kombinieren unsere Tour 1 und 2 und genießen das gesamte Ensemble, einschließlich des Parks Charlottenhof. Am zweiten Tag besuchen Sie den **Neuen Garten** und **Schloss Cecilienhof** (Tour 5) und erkunden am Nachmittag Potsdams **historische Innenstadt** (Tour 3 und 4).

Drei Tage in Potsdam

Endlich genügend Zeit, Potsdam auf erholsame Weise zu erleben. Lernen Sie die Potsdamer **Schlösserlandschaft** und das **Havelland** vom Wasser aus kennen oder unternehmen Sie eine Radtour. Anschließend bleibt Ihnen noch genug Zeit für einen Spaziergang auf den **Pfingstberg** und für einen Besuch der **russischen Kolonie Alexandrowka** (Tour 7).

Vier Tage in Potsdam

Sie glauben, nun alles gesehen zu haben? Keinesfalls. Der vierte Tag gehört ganz und gar dem Stadtteil **Babelsberg**. Sie sehen die Weberkaten im früheren Nowawes (Tour 9), besuchen den **Park Babelsberg** (Tour 8) und kommen in die **Villenkolonie Neubabelsberg**. Politisch Interessierte begeben sich auf die Suche nach **Spuren des Kalten Krieges** (entlang des Mauerradweges) in Potsdam.

Fünf Tage in Potsdam

Heute lernen Sie Potsdam zusätzlich als **Stadt der Wissenschaft und des Films** kennen. Sie besuchen, geleitet von unseren Extra-Touren, den **Einsteinturm** und das **Filmmuseum** und fahren dann zum **Filmpark Babelsberg**, um die Welt des schönen Scheins live zu erleben (April bis Oktober geöffnet). Erholen Sie sich auf der Freundschaftsinsel mit ihrem Staudengarten und unternehmen Sie einen Abstecher zum Kulturstandort **Schiffbauergasse**.

Noch länger in Potsdam

Die bisherigen fünf Tage haben immer noch nicht ausgereicht, um alles gesehen zu haben. Waren Sie in der riesigen **Biosphärenhalle** und im nahen **Volkspark**? Haben Sie das Aquarium mit der heimischen Unterwasserwelt im Naturkundemuseum gesehen? Haben Sie im Berliner Teil der Potsdamer Kulturlandschaft die **Pfaueninsel** besucht? Haben Sie sich im benachbarten Havelland oder in der nahen Metropole Berlin umgesehen? Es gibt viele Gründe, noch länger in Potsdam zu bleiben.

	1600	
	1610	
	1620	
	1630	
	1640	
Kurfürst von Brandenburg 1640–1688	1650	FRIEDRICH WILHELM „der Große Kurfürst" * 1620 – 1688 †
	1660	
	1670	
	1680	
Kurfürst von Brandenburg 1688–1701	1690	FRIEDRICH I. * 1657 – 1713 †
	1700	
König in Preußen 1701–1713	1710	
König in Preußen 1713–1740	1720	FRIEDRICH WILHELM I. „der Soldatenkönig" * 1688 – 1740 †
	1730	
	1740	
König in Preußen 1740–1772	1750	FRIEDRICH II. „der Große" * 1712 – 1786 †
	1760	
König von Preußen 1772–1786	1770	
	1780	
König von Preußen 1786–1797	1790	FRIEDRICH WILHELM II. * 1744 – 1797 †

Potsdam und seine Könige

Über 350 Jahre lang war Potsdam Residenzstadt. Die Majestäten waren Kurfürsten, Könige und Kaiser. Sie hießen Friedrich oder Wilhelm oder Friedrich Wilhelm und trugen zur Unterscheidung römische Ziffern hinter ihren Namen.

Sie stammten aus dem Haus Hohenzollern und herrschten über Brandenburg, dann über Preußen und schließlich über das Deutsche Reich. Einige lebten meist in Potsdam, andere nur gelegentlich. Aber alle hatten einen Anteil am Werden Potsdams.

Der erste, der Entscheidendes für Potsdam tat, war der „Große Kurfürst" **Friedrich Wilhelm**. Er ließ anstelle einer verfallenen Burg am Ufer der Havel ein Schloss errichten und machte Potsdam 1660 zur Residenzstadt.

Sein Sohn errang 1701 die Königswürde als **Friedrich I.**, König in Preußen. Er ließ das Schloss mit dem Fortunaportal schmücken. Davon ist heute eine Nachbildung zu sehen.

Dann kam der „Soldatenkönig", **Friedrich Wilhelm I.** nach Potsdam. Er baute das 200-Häuser-Städtchen zur Garnisonstadt aus. Um für die Soldaten Unterkünfte zu schaffen, wurden – wie am Fließband – Bürgerhäuser mit Einquartierungsstuben gebaut. Unter seiner Regentschaft wuchs die Einwohnerzahl um das Achtfache.

Sein Sohn **Friedrich II.**, der „Große", brachte königlichen Glanz nach Potsdam. Im Stil des „friderizianischen Rokoko" wurden Schloss Sanssouci und weitere Bauten im umliegenden Park errichtet. Auch in der Potsdamer Innenstadt selbst hat der König für repräsentative Gebäude gesorgt.

Der Nachfolger **Friedrich Wilhelm II.** ließ den Neuen Garten anlegen. Hier herrschte ein romantisch-verträumter Zeitgeschmack.

Mit dem Klassizismus zog auch ein neuer Baustil ein. König **Friedrich Wilhelm III.** ließ eine Siedlung aus russischen Blockhäusern errichten. Die Parks und Schlösser seiner drei Söhne sind wichtige Teile der Potsdamer Kulturlandschaft.

Potsdam und Umgebung als „Preußisches Arkadien" gestaltet zu haben, ist der Verdienst von **Friedrich Wilhelm IV.**, des „Romantikers auf dem Thron". Der Hobby-Architekt ließ an den schönsten Orten der Umgebung Bauwerke errichten, die mit der Landschaft zu einem Gesamtkunstwerk verschmelzen. Er verlieh Potsdam eine italienische Note.

Danach kam **Wilhelm I.** auf den Thron – erst als preußischer König, ab 1871 als Deutscher Kaiser. Im Park Babelsberg schuf er sich ein Sommerrefugium. Sein Sohn regierte als Kaiser **Friedrich III.** nur 99 Tage. Für ihn war das Neue Palais „Schloss Friedrichskron".

Kaiser **Wilhelm II.** ließ während des Ersten Weltkrieges für den Kronprinzen das Schloss Cecilienhof errichten. Kurz darauf musste er abdanken.

1800	
1810	FRIEDRICH WILHELM III.
	* 1770 – 1840 †
König von Preußen 1797 – 1840	
1820	
1830	
1840	
	FRIEDRICH WILHELM IV.
König von Preußen 1840 – 1861	„der Romantiker auf dem Thron"
1850	* 1795 – 1861 †
1860	
König von Preußen 1861 – 1888	
1870	WILHELM I. * 1797 – 1888 †
und Deutscher Kaiser 1871 – 1888	
1880	
König von Preußen und Deutscher Kaiser 1888	1890 FRIEDRICH III. „der 99-Tage-Kaiser"
1900	* 1831 – 1888 †
1910	
König von Preußen und Deutscher Kaiser 1888 – 1918 (Abdankung)	1920 WILHELM II. * 1859 – 1941 †
1930	
1940	

Potsdams Welterbe

Harmonie ist es, was die Landschaft um Potsdam auszeichnet. Keine Extreme, keine Naturwunder sind hier zu erwarten, dafür ein sanftes Wechselspiel von Gewässern und Anhöhen, von Wäldern und Auen, von einsamen Plätzen und belebten Orten. Als der „Große Kurfürst" daranging, Potsdam zur zweiten Residenz neben Berlin zu erheben, erhielt er von einem weit gereisten Freund, Johann von Nassau-Siegen, den später viel zitierten Rat: „Das ganze Eyland muss ein Paradies werden". Gemeint war die Insel Potsdam. Das war 1664. 326 Jahre später wurden Teile dieser Insel von der UNESCO zum Welterbe der Menschheit erklärt. Sie stehen auf einer Liste erhaltenswerter Kulturleistungen gemeinsam mit den ägyptischen Pyramiden und der chinesischen Mauer.

Was war in der Zwischenzeit geschehen? Weitflächig wurden in der Landschaft um Potsdam Parks und Gärten angelegt, wurden Schlösser, Aussichtstürme und andere markante Bauwerke gebaut und dies alles

Die Potsdamer Kulturlandschaft

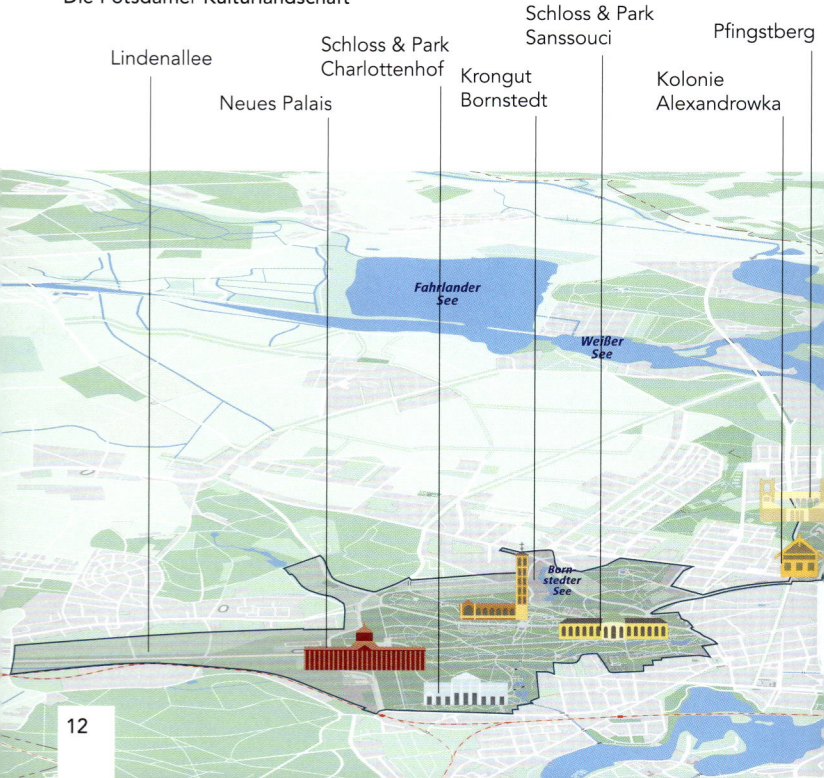

Lindenallee

Schloss & Park Charlottenhof

Neues Palais

Schloss & Park Sanssouci

Krongut Bornstedt

Pfingstberg

Kolonie Alexandrowka

Fahrlander See

Weißer See

Born stedter See

durch Alleen und Sichtachsen miteinander verbunden. So entstand nach und nach ein großes, begehbares Landschaftsgemälde. Aus der Anfangszeit unter dem „Großen Kurfürsten" sind nur noch wenige Zeugnisse vorhanden – das Schloss Caputh ist ein solches. Umso mehr wirken die Schlossbauten und Parkanlagen Friedrichs des Großen und seiner Nachfolger in unsere Zeit hinein.

Mit einem Namen ist die Potsdamer Kulturlandschaft besonders verbunden: Peter Joseph Lenné, der geniale Landschaftsarchitekt. Er entwarf 1833 einen „Verschönerungs-Plan" für Potsdam. In den folgenden Jahrzehnten fügte er Parks und Schlösser zu einer sich wechselseitig bereichernden Schlösserlandschaft zusammen. Potsdam ist von einem Kranz sechs großer Gärten umgeben. Diese Kulturlandschaft reicht weit über das Potsdamer Stadtgebiet hinaus ins benachbarte Havelland und auf Berliner Gebiet. Von allen deutschen Stätten des Welterbes hat sie die größte Ausdehnung.

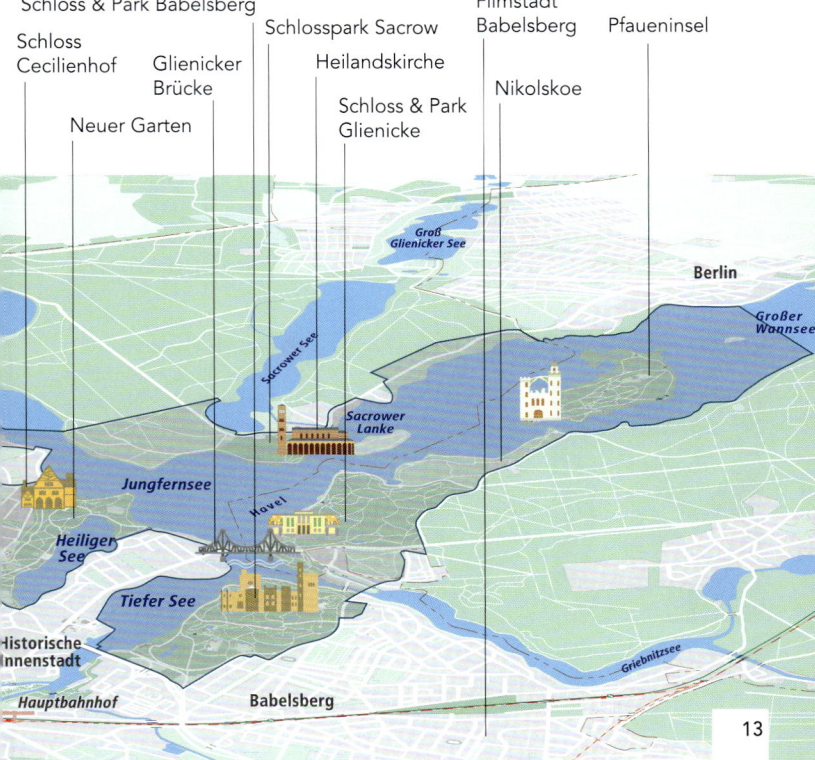

Schloss & Park Babelsberg

Schloss Cecilienhof

Glienicker Brücke

Neuer Garten

Schlosspark Sacrow

Heilandskirche

Schloss & Park Glienicke

Filmstadt Babelsberg

Pfaueninsel

Nikolskoe

Groß Glienicker See

Berlin

Großer Wannsee

Sacrower See

Sacrower Lanke

Jungfernsee

Havel

Heiliger See

Tiefer See

Griebnitzsee

Historische Innenstadt

Hauptbahnhof

Babelsberg

13

Die Schlösserstiftung

Mit der Aufgabe, die Güter des Potsdamer Welterbes zu pflegen und zu bewahren, sie wissenschaftlich auszuwerten und der Öffentlichkeit zugänglich zu machen, ist die Stiftung Preußische Schlösser und Gärten Berlin-Brandenburg – kurz „Schlösserstiftung" – betraut.

Als im November 1918 Kaiser Wilhelm II. abdankte und ins Exil ging, stand die Frage: Was wird mit dem Besitz der Hohenzollern? Denkmalpfleger plädierten dafür, dass die Schlösser mitsamt ihrem Inventar unter einer gemeinsamen Verwaltung vereint bleiben. So wurde 1927 die „Verwaltung der Staatlichen Schlösser und Gärten" gegründet, um die Schlösser als „Museumsschlösser" der Öffentlichkeit zugänglich zu machen.

Während des Zweiten Weltkrieges wurden das Berliner Schloss, das Potsdamer Stadtschloss und das Schloss Charlottenburg von Bomben getroffen und brannten teilweise aus. Die Mauern des Berliner Schlosses und des Potsdamer Stadtschlosses wurden später gesprengt. Während der deutschen Teilung gab es eigenständige Schlösserverwaltungen in Potsdam und im Westteil Berlins. Die Kontakte auf fachlicher Ebene sind jedoch nie abgerissen. So fiel es nach der Wiedervereinigung nicht schwer, an frühere Gemeinsamkeiten anzuknüpfen.

Am 1. Januar 1995 trat der Staatsvertrag über die Errichtung der „Stiftung Preußische Schlösser und Gärten Berlin-Brandenburg" in Kraft. In ihr sind die zuvor getrennten Schlösserverwaltungen vereint. Träger der Stiftung sind die Länder Brandenburg und Berlin sowie der Bund. Das aus den 1920er Jahren stammende Konzept der „Museumsschlösser" ist für die Stiftung unverändert aktuell und maßgeblich. Um diesem Anspruch gerecht zu werden, bleibt in den kommenden Jahren vor allem im Bereich der Denkmalpflege und Restaurierung viel zu tun.

Besucher des Parks Sanssouci werden von Betreuern in historischer Kleidung um einen freiwilligen Parkeintritt gebeten, die freundlichen jungen Leute geben auch gern Auskunft.

ⓘ Besucherzentren
der Stiftung Preußische Schlösser und Gärten Berlin-Brandenburg
14414 Potsdam
· An der Orangerie 1 und
· Am Neuen Palais
Tel. (0331) 96 94 200
www.spsg.de

Fotos rechts: die Weinbergterrassen mit Schloss Sanssouci, Belvedere auf dem Klausberg, Detail am Chinesischen Haus

Der Park Sanssouci

Friedrich der Große

Er ist selbst dem Tod näher als dem Leben, als er gezwungen wird zuzusehen, wie seinem Freund der Kopf abgeschlagen wird. Der muss für Verbrechen büßen, die der andere begangen hat: Hochverrat und Fahnenflucht. Was wie ein antikes Drama aussieht, ist der Höhepunkt eines Vater-Sohn-Konfliktes, zu dem jahrelange körperliche Züchtigungen ebenso gehören wie seelische Grausamkeiten. Die Rede ist von Friedrich, der später als König den Beinamen „der Große" erhalten wird, und seinem Vater Friedrich Wilhelm I., „dem Soldatenkönig". Erst am Totenbett söhnen sich beide aus. In späteren Jahren offenbart der Sohn einige unangenehme Charaktereigenschaften seines Vaters: Herrschsucht und Unnachgiebigkeit.

Friedrich II., geboren 1712, war ein musischer Mensch. Er schrieb Gedichte, komponierte, philosophierte und entwarf Schlösser. Mit einer Zeichnung Friedrichs begann auch die Geschichte von Schloss Sanssouci. Er kannte sich aus bei den großen Denkern der Antike, wusste, was in Frankreich geschrieben wurde, und interessierte sich für die Naturwissenschaften. Anders als sein Vater, der sich am liebsten mit grobschlächtigen Militärs umgab, suchte er die Gesellschaft großer Geister. Legendär sind die Tafelrunden (siehe Seite 25) auf Schloss Sanssouci.

Kein anderer König hat Potsdam so nachhaltig geprägt wie Friedrich II. Er holte Architekten, Bildhauer, Maler und Kunsthandwerker aller Sparten nach Potsdam. Meist lieferte er selbst die Anregungen für die Bauwerke und orientierte sich dabei an Vorbildern verschiedener Epochen und Länder. Gern beaufsichtigte er die Arbeiten selbst und machte dabei seinen Baumeistern das Leben schwer.

Als Friedrich 1740 mit 28 Jahren den Thron bestieg, war Preußen zwar wirtschaftlich und militärisch stark, politisch aber ohne Bedeutung. Nach drei Kriegen im Laufe von 23 Jahren wurde Preußen zur europäischen Großmacht. Der Preis dafür war hoch, denn die Kriege waren verlustreich und brachten das Land an den Rand des Ruins. Der König wurde 74 Jahre alt und hieß im Volk inzwischen „der alte Fritz".

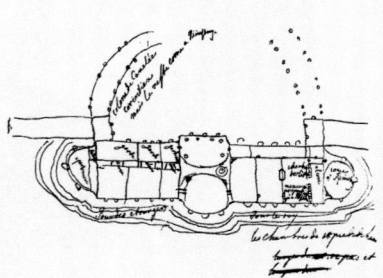

Eigenhändige Entwurfsskizze Friedrichs II. zum Grundriss des Schlosses Sanssouci, wohl in der zweiten Hälfte des Jahres 1744 entstanden.

Das Ensemble von Sanssouci
... wie es wurde, was es ist

Ca. 1720 – 1745, die Vorgeschichte: Dort, wo heute die Friedenskirche steht, ließ der „Soldatenkönig" einen Küchengarten, sein „Marly" anlegen, der ihm auch als Sommerfrische diente. Friedrich II. soll als Kind Gefallen an dem nahegelegenen „Wüsten Berg" gefunden haben.

1744 beginnt die erste Bauphase mit der Umgestaltung des „Wüsten Berges" zu einem Weinberg und der Grundsteinlegung von Schloss Sanssouci. Sie endete 1756 mit Beginn des Siebenjährigen Krieges. Es entstand ein umfangreicher Parkbereich um Schloss Sanssouci bis zum Chinesischen Haus.

Nach 1763 begannen, als Zeichen der ungebrochenen Kraft Preußens, die Bauarbeiten am Neuen Palais. Die Neuen Kammern und die Bildergalerie erhielten ihre heutige Gestalt. Mit dem Tod Friedrichs II. 1786 begann für Sanssouci zunächst ein Schattendasein.

1816 kam Peter Joseph Lenné nach Potsdam und wirkte fast 40 Jahre daran, den Park Sanssouci so zu gestalten, wie wir ihn heute kennen. 1825 entstand der Park Charlottenhof, König Friedrich Wilhelm IV. bereicherte das Parkensemble um italienische Akzente.

1888 gelangte Wilhelm II. auf den Kaiserthron. Mit seiner Familie verbrachte er die Sommermonate im Neuen Palais. Eine Reihe von kleineren Anlagen im Park gehen auf ihn zurück.

Am Ende des **Zweiten Weltkrieges** blieb der Park Sanssouci vom Kriegsgeschehen zum Glück nur gering betroffen. Die denkmalpflegerische Arbeit ist seither darauf gerichtet, den Zustand aus der jeweiligen Entstehungszeit originalgetreu wiederherzustellen. Wenn Besucher beim Betreten des Parks Sanssouci gebeten werden, freiwillig Eintrittsgeld zu bezahlen, dann, um diese Aufgabe zu unterstützen.

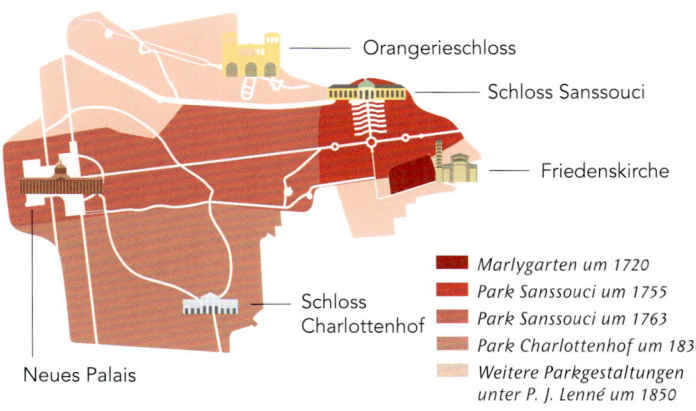

Orangerieschloss

Schloss Sanssouci

Friedenskirche

Schloss Charlottenhof

Neues Palais

Marlygarten um 1720
Park Sanssouci um 1755
Park Sanssouci um 1763
Park Charlottenhof um 1830
Weitere Parkgestaltungen unter P. J. Lenné um 1850

Der Park Sanssouci

Sanssouci! Das ist der Name eines Sommerschlosses, einer Parkanlage und eines königlichen Traums, der jetzt für alle einige Stunden lang wahr wird. Willkommen in der wohl schönsten Parklandschaft Deutschlands mit zahlreichen, ganz unterschiedlichen Schlössern.

Die Besichtigung des Areals ist in zwei Touren geteilt. Eine kurze für Eilige und eine zweite, die die erste ergänzt und dann durch den gesamten Park führt.

Tour 1 dauert zwei bis drei Stunden (ohne Innenbesichtigungen) und erlaubt eine kurze Bekanntschaft mit dem Ensemble zwischen dem Schloss Sanssouci und der Friedenskirche.

Tour 2 (ca. 5 Stunden) führt zusätzlich durch den italienisch anmutenden Park Charlottenhof, zum Neuen Palais, dem größten Schloss der Anlage, und zu markanten Aussichtspunkten oberhalb des Parks Sanssouci. **Extra:** Die Nachbarn von Sanssouci

Tour 1: Rund um das Schloss Sanssouci – ein Kurzbesuch

🕐 **2 – 3 Stunden**
ohne Innenbesichtigung

🚌 **695, X15**
Schlösser-Linie
Halt: *Schloss Sanssouci*

Park Sanssouci
geöffnet bis zum
Einbruch der Dunkelheit

Schloss Sanssouci
April bis Okt.
Di–So 10–18 Uhr
Nov. bis März
Di–So 10–17 Uhr

Damenflügel
Mai bis Okt.
Sa, So, feiertags
10 –18 Uhr
(2016 geschlossen)

Schlossküche
April bis Okt.
Di–So 10–18 Uhr

Fotos oben: Schloss Sans-
souci, Konzertzimmer

❶ Schloss Sanssouci

Worin liegt der Zauber dieses kleinen Schlosses, das schon Millionen Besucher aus aller Welt angezogen hat? Auf Deutsch heißt Sanssouci „ohne Sorge", ganz auf die persönlichen Bedürfnisse eines eigensinnigen Monarchen zugeschnitten. Es ist ein Bauwerk von unvergleichlicher Schönheit, das einen eigenen Baustil begründete – das friderizianische Rokoko. Und dennoch, es verbreitet eine private, zarte Wirkung, denn es besitzt menschliche Dimensionen. Nur drei Stufen trennen die Innenräume von der Außenfläche auf der obersten Weinbergterrasse. Innen und außen, Natur und Kunst verschmelzen zu einer Einheit. Getragen wird das Schloss scheinbar von derben Naturen, Fabelwesen, die Sanssouci das Märchenhafte verleihen. Es sind Bacchantinnen und Bacchanten, Gehilfen des Gottes des Weins und des Frohsinns.

Sanssouci entstand nach Skizzen Friedrichs II. Der Architekt war Georg Wenzeslaus von Knobelsdorff, ein Jugendfreund des Königs. Beim Bau des Schlosses kam es zu heftigen Auseinandersetzungen, denn entgegen dem Rat des Baumeisters bestand der König darauf, auf Keller zu verzichten. Die Folge spürt heute noch jeder Besucher: Es ist kalt und feucht hier, selbst an warmen Tagen.

Das Schloss gliedert sich in drei Bereiche: in der Mitte die Gesellschaftsräume, das **Vestibül** und der **Marmorsaal**, rechts die privaten Räume des Königs, links die Gästezimmer.

Die Besichtigung der Innenräume dauert ca. 45 Minuten und führt durch fast alle Räume. Dekorateure, Stuckateure, Bildhauer und Maler haben hier bewundernswerte Leistungen vollbracht. Höhepunkte sind der Marmorsaal und die Privatgemächer des Königs: der Musiksaal, die Bibliothek, das Arbeits- und Schlafzimmer Friedrichs II. Letzteres befindet sich allerdings nicht mehr im Originalzustand. Als der König hier starb, befand es sich in einem abgewohnten und verunreinigten Zustand. Der Thronfolger ließ den Raum im klassizistischen Stil neu gestalten. Die anderen Räume sind weitgehend so erhalten, wie Friedrich II. sie gesehen hat.

Zwei Gebäudeflügel, hinter Laubengängen versteckt, verlängern das Schloss. Sie wurden aufgestockt und nach 1840 neueren Bedürfnissen angepasst. Sie sind separat zu besichtigen: der **Damenflügel** (2016 geschlossen) auf der linken Seite und die **Schlossküche** auf der rechten.

Schloss Sanssouci

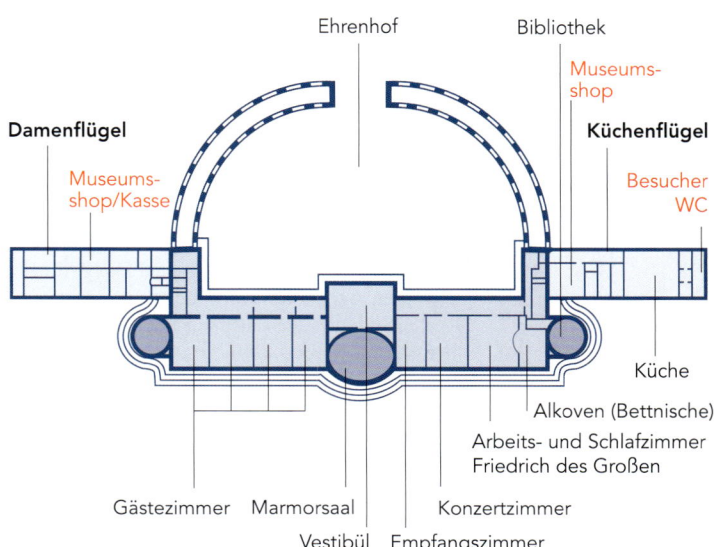

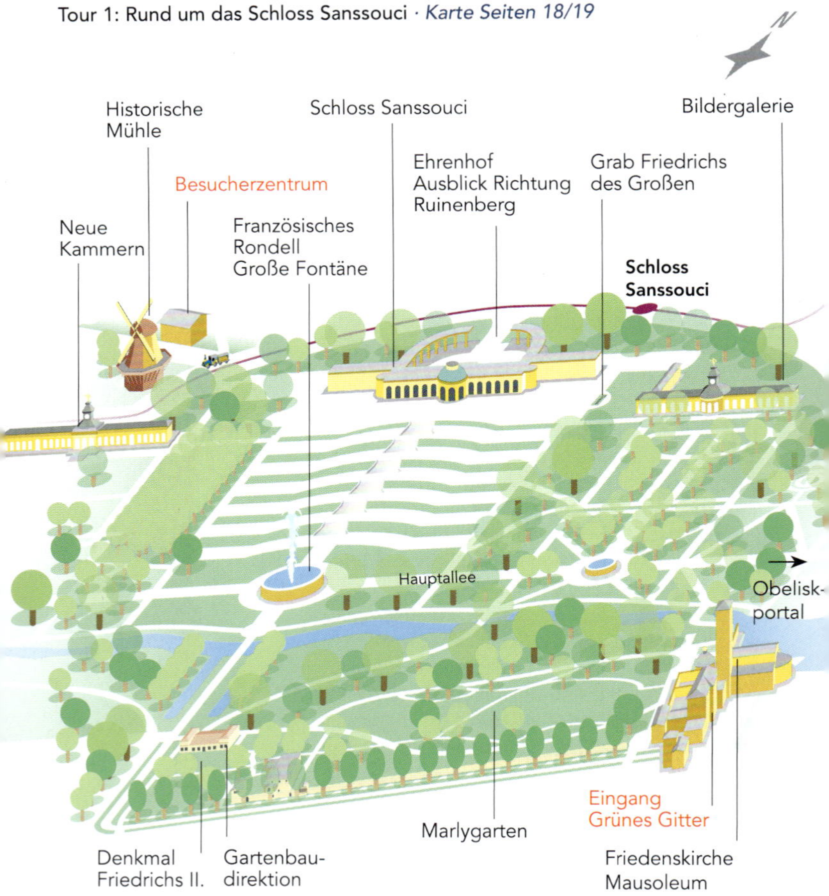

Historische Mühle

Schloss Sanssouci

Bildergalerie

Besucherzentrum

Ehrenhof
Ausblick Richtung
Ruinenberg

Grab Friedrichs
des Großen

Neue
Kammern

Französisches
Rondell
Große Fontäne

**Schloss
Sanssouci**

Hauptallee

Obelisk-
portal

Denkmal
Friedrichs II.

Gartenbau-
direktion

Marlygarten

Eingang
Grünes Gitter

Friedenskirche
Mausoleum

*Marmorsaal
im Schloss Sanssouci*

Ein Rundgang um das Schloss beginnt an der Nordseite. In zwei Viertelbögen umschließt ein Säulengang, eine Kolonnade, den **Ehrenhof**. Hier fuhren einst die hochherrschaftlichen Besucher mit ihren Kutschen vor und wurden empfangen. Heute formieren sich hier die Besucher zu Gruppen, um durch das Schloss geführt zu werden. Schauen Sie hinüber zum gegenüberliegenden Hügel. Antike Säulen stehen dort, als würden sie jeden Moment zusammenstürzen, dazu ein scheinbar mittelalterlicher Turm. Das ist der **Ruinenberg**. Alle Bauten dort wurden als Ruinen-Kulisse errichtet und sind – so morbide sie auch aussehen – frisch restauriert. Zwischen diesen künstlichen Ruinen verborgen befindet sich ein Bassin, aus dem die Fontänen im Park Sanssouci ihr Wasser bekommen. Das Bassin wird von den inzwischen elektrischen Pumpen im historischen Dampfmaschinenhaus an der Havel gespeist. Zu Zeiten Friedrichs II. blieben die Fontänen trocken, denn erst die Einführung der Dampfmaschine sorgte für die nötige Kraft für den Wasserzauber.

▶ Abstecher: Ruinenberg

Eine kleine Wanderung auf den Ruinenberg lohnt sich. Der Weg dauert kaum mehr als zwanzig Minuten. Belohnt werden Sie mit einem herrlichen Ausblick vom **Normannischen Turm** in den Potsdamer Norden, zum Volkspark, hinüber zum Pfingstberg und natürlich auf Schloss Sanssouci. ▶

Normannischer Turm
Mai bis Okt. 😊
Sa, So, feiertags
10–18 Uhr
(2016 geschlossen)

Tram **92**
Krongut-Linie
Halt: *J.-Bouman-Platz*
(Zugang von Norden)

An der Schlossküche vorbei kommen Sie zu einem eisernen Laubenkabinett. Bei schönem Wetter strahlt seine vergoldete Sonne besonders hell. Auf die antike Figur des Knaben, der seine Hände dem Himmel entgegenstreckt, hatte Friedrich II. von seiner Bibliothek aus stets eine unverstellte Sicht.

Wenige Meter weiter befindet sich das **Grab Friedrich des Großen**. Beim Bau des Schlosses Sanssouci wurde die Gruft angelegt, in der Friedrich II. mit seinen Windspielen begraben werden wollte. Sein Nachfolger missachtete diesen Wunsch und ließ den Sarg in die Garnisonkirche bringen, von wo aus er

Am Grab Friedrich II.

1945 eine Odyssee quer durch Deutschland antrat. Erst am 17. August 1991, am 205. Todestag, wurde er endlich in einer bewegenden Zeremonie in der Gruft bestattet.

Um das Schloss herum stoßen die Besucher immer wieder auf Porträtbüsten römischer Kaiser, deren Machtfülle den König beeindruckte. Über Baumwipfel hinweg kommen die Flügel der **Historischen Mühle** ins Bild, die sich häufig im Wind drehen (siehe Seite 50). Unterhalb der Mühle finden Sie das **Besucherzentrum** der Stiftung Preußische Schlösser und Gärten.

Mövenpick-Historische Mühle

Neue Kammern
April bis Okt.
Di–So 10–18 Uhr

② Die Neuen Kammern

An einer **Cleopatra-Plastik** und den **Gräbern königlicher Rösser** vorbei gelangt man in Richtung Westen über einen schmalen Stieg zu einem Schlossbau, der in seinen Dimensionen an Sanssouci erinnert. Es sind die Neuen Kammern, die gleichzeitig mit Schloss Sanssouci als Orangerie gebaut wurden. Rund 25 Jahre später wurde es zum Gästehaus umgebaut. Friedrich II. fügte damit den Gästewohnungen in seinem Schloss weitere hinzu.

Die Innenausstattung steht der von Sanssouci kaum nach. Den glanzvollen Höhepunkt bildet der **Jaspissaal**, ein Festsaal von atemberaubender Pracht. Wem das Warten auf eine Führung durch Sanssouci zu lang wird, kann hier einen ebenso guten Eindruck von der Kunstfertigkeit des friderizianischen Rokoko bekommen.

Die Neuen Kammern mit dem Kirschgarten – Genpool historischer Kirschsorten für zukünftige Generationen im Park Sanssouci

Die Tafelrunde von Sanssouci

Da sitzen sie, große Geister ihrer Zeit, und führen ein ungezwungenes Gespräch. Lieblingsthema ist die Philosophie, vor allem die der alten Griechen. Aber auch die Künste und die Wissenschaft kommen nicht zu kurz. Immerhin sitzen neben König Friedrich II. (1) u. a. der französische Aufklärer und scharfzüngige Literat Voltaire (2), der Marquis d'Argens (3), Kenner der Antike, der italienische Philosoph Algarotti (4), der Arzt und Philosoph La Mettrie (5).

Die Unterhaltungen sind so ungezwungen, dass Voltaire später darüber schrieb, ein Fremder würde geglaubt haben, „die Sieben Weisen Griechenlands im Freudenhaus" zu hören. Robuste Naturen müssen es allerdings gewesen sein, die sich täglich dem beißenden und auch verletzenden Spott des Königs aussetzten. Und es waren nur Männer. Selbst die Gemahlin des Königs war offiziell nie in Sanssouci.

Als Friedrich II. sein Refugium auf dem Weinberg plante, muss er die Tafelrunden bereits vor seinem geistigen Auge gesehen haben. Der Marmorsaal bietet mit seiner heiteren Leichtigkeit den idealen Rahmen für das Gespräch am runden Tisch – vorausgesetzt, es ist warm genug dafür. Bei kühlerer Witterung zog man sich in den Empfangsraum zurück, der als einziger mit einem Kamin versehen ist.

Ihre beste Zeit hatten die Tafelrunden zwischen 1750 und 1753, als der berühmte Voltaire Gast am Hofe Friedrichs II. war. Der König war damals um die 40 Jahre alt und hatte bereits zwei Kriege gewonnen. Es heißt, Voltaire habe den Ausdruck „Friedrich der Große" geprägt. Dennoch verließ Voltaire Potsdam im heftigen Streit. Nach dem Siebenjährigen Krieg 1763 kam Friedrich verbittert nach Sanssouci zurück. Mit den Tafelrunden war es vorbei. Vereinsamt starb er hier 1786.

Mitte des 19. Jahrhunderts hat der deutsche Maler Adolph Menzel die klassische Tafelrunde in einem Gemälde nachempfunden. Das Original dieses Bildes wurde im Zweiten Weltkrieg zerstört.

Gartenkunst im
Sizilianischen Garten

③ Der Sizilianische Garten

Der Rundgang führt nun in den Sizilianischen Garten. Er gehört zu den besonderen Kunstwerken im Park. Komponiert aus Laubengängen, Blumenrabatten und Skulpturen, ist er mit seinen subtropischen Pflanzen italienischen Renaissance-Gärten nachempfunden.

④ Die Rondelle

Von hier aus führt der Weg zur **Hauptallee**. Der zentrale Verbindungsweg durch die gesamte Parkanlage von Sanssouci weitet sich in der Umgebung von Schloss Sanssouci immer wieder zu Rondellen aus, die durch Plastiken in mystische Orte verwandelt werden.

Vom Sizilianischen Garten kommend, empfängt zunächst das **Entführungsrondell**. Vier Plastiken illustrieren Entführungsfälle der griechischen und römischen Sagenwelt. Auch Paris und Helena sind dabei.

Das am Ende der Allee sichtbare Neue Palais im Rücken, folgt bald das **Musenrondell**. Es wartet mit acht Statuen von Thalia, Erato, Klio und ihren Musen-Kolleginnen auf.

Die Rondelle mit Skulpturen
entlang der Hauptallee

Hauptallee
in Richtung
Neues Palais

Neue Kammern

Entführungs-
rondell

Musen-
rondell

Fontänen-
rondell

Dann das **Fontänenrondell**, mit Blick auf die Neuen Kammern und die Historische Windmühle. Die acht Statuen zeigen überwiegend Liebespaare aus der Mythologie.

Nun führt die Tour zur **Großen Fontäne** unterhalb des Schlosses Sanssouci. Um das Bassin gruppieren sich Marmorfiguren, die Gestalten aus der antiken Sagenwelt und die vier Elemente darstellen: das Wasser, das Feuer, die Erde und die Luft. Sie stammen von französischen Bildhauern – daher der Name **Französisches Rondell.**

Weiter geht es zum **Oranierrondell**. Acht Porträtbüsten zeigen Prinzen und Prinzessinnen aus dem Haus Oranien, in das der „Große Kurfürst" einheiratete und damit eine lange Tradition preußisch-niederländischer Verbindungen begründete. Seine Büste ist hier zu sehen und die seiner Gemahlin Louise Henriette.

Den Abschluss bildet das **Mohrenrondell** mit vier Portraitbüsten aus schwarzem Marmor.

Fontänenrondell an der Hauptallee

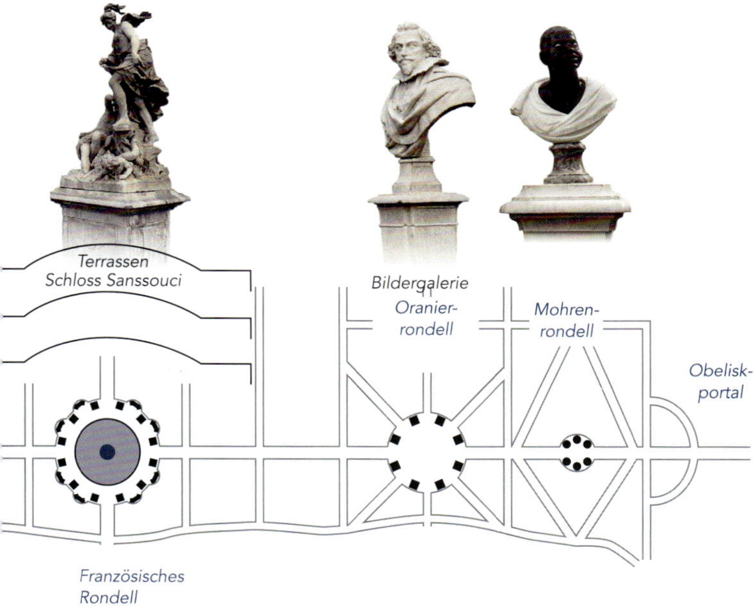

Terrassen Schloss Sanssouci

Bildergalerie

Oranier- rondell

Mohren- rondell

Obelisk- portal

Französisches Rondell

Bildergalerie
April bis Okt.
Di–So 10–18 Uhr

Detail aus: Caravaggio, Der ungläubige Thomas

🟠 Die Bildergalerie

Auf der Höhe des Oranierrondells befindet sich die Bildergalerie, scheinbar das Spiegelbild der Neuen Kammern östlich von Schloss Sanssouci. Dieses Gebäude entstand nur zu dem Zweck, die Gemäldesammlung Friedrichs II. aufzunehmen. Es gilt daher als die erste Gemäldegalerie auf dem europäischen Kontinent.

Von außen zeigt sich die Bildergalerie eher schlicht, im Inneren überrascht sie allerdings mit vergoldeten Ornamenten und glänzenden Marmorfußböden: ein prachtvoller Rahmen für die Werke Alter Meister. Rund die Hälfte der einstigen Gemälde sind seit dem Zweiten Weltkrieg verschollen. Es gelang jedoch, die Lücken so zu füllen, dass der heutige Besucher einen unverfälschten Eindruck von den Intentionen Friedrichs II. beim Sammeln **italienischer und holländischer Meister** bekommt. Hier hängen die Bilder so, wie es zur Zeit des Rokoko üblich war, eng neben- und übereinander. Die einzelnen Gemälde fügen sich so zu einem großen Bildteppich. Die Bildergalerie enthält außerdem Teile der Skulpturensammlung Friedrichs II.

Entlang der Außenfassade erstreckt sich eine reiche Sammlung von Plastiken. Achtzehn Figuren symbolisieren Wissenschaften und Künste, u.a. die Geschichtsschreibung, die Bildhauerei, die Malerei, die Philosophie. Besucherlieblinge sind die zwölf Puttengruppen auf der **Puttenmauer**.

Des Königs Fontänen

Der Karfreitag 1754 ist ein schwarzer Tag für König Friedrich II. Trotz des nasskalten Frühlingswetters macht er sich auf den Weg in den Park von Sanssouci, um ein Schauspiel zu erleben, auf das er seit Jahren gewartet hatte. Endlich sollten die Fontänen sprudeln. Im Bassin auf dem Ruinenberg hat sich, nicht zuletzt dank der ergiebigen Schneemassen des vergangenen Winters, reichlich Wasser angesammelt. Friedrich II. reitet durch das Obeliskportal und wartet am Fontänenbassin auf den großen Moment. Fast 15 Meter hoch steigt die Wassersäule. Als der Wind dreht, schlägt dem König die Nässe ins Gesicht. Tief ergriffen weicht er jedoch keinen Meter. Nach einer Dreiviertelstunde ist alles vorbei. Er sollte die Fontänen in Sanssouci nie wieder sprudeln sehen.

Für Friedrich II. stellte sich nun die Frage, wie genügend Wasser für regelmäßige Wasserspiele auf den Ruinenberg geschafft werden kann. Er hoffte dabei auf die Kraft des Windes und ließ Mühlen bauen. Die königlichen Baumeister standen dem allerdings skeptisch gegenüber und riskierten sogar Ungnade. Nacheinander meldeten sich stattdessen mehrere Scharlatane mit der vorgeblichen Lösung. Der dreisteste von ihnen behauptete, man müsse das Wasser zunächst bergab laufen lassen, damit es Schwung für den Weg nach oben nehmen könne. 16 Jahre lang ließ Friedrich II. nichts unversucht, um sein Sanssouci mit den Wasserspielen zu vollenden.

Erst die Kraft des Dampfes war stark genug, ausreichend Wasser ins Bassin auf dem Ruinenberg zu pumpen. Gerade ein Jahr auf dem Thron, wollte Friedrich Wilhelm IV. das Werk seines Vorfahren vollenden und bestellte bei den Berliner Borsig-Werken eine stationäre

Dampfmaschine mit der damals gewaltigen Kraft von 80 Pferdestärken. Zwei Jahre dauerte es, ein modernes Röhrensystem zu verlegen und eine Pumpstation samt Dampfmaschine zu bauen. Baumeister Persius entwarf hierfür ein Pumpenhaus im Stil einer maurischen Moschee.

Am 22. Oktober 1842 floss erstmals Wasser in die Fontänen. Als am nächsten Tag das Königspaar zur offiziellen Eröffnung erschienen war und alles wie geplant funktionierte, drehte wiederum der Wind …

*Große Fontäne unterhalb
des Schlosses Sanssouci*

Der gewöhnliche Judasbaum an der Gartendirektion

Die Hofgärtner genossen in Preußen einen guten Stand. Bei der Leitung des ihnen zugeschriebenen Gartenreviers hatten sie freie Hand. Sie führten die direkten Befehle des Königs aus und waren nur ihm gegenüber zur Rechenschaft verpflichtet. Der König bezahlte sie gut, finanzierte ihre Bildungsreisen und stellte ihnen Dienstpersonal und möblierte Wohnungen zur Verfügung.

Fünf Jahre nach Fertigstellung seiner Residenz ließ Friedrich II. 1752 unterhalb des Weinbergs zwei Häuser mit jeweils zwei Wohnungen für die Hofgärtner errichten. In räumlicher Nähe zu ihren betreuten Revieren waren hier der Küchengärtner Johann Samuel Sello, der Bananengärtner Johann Georg Steiner und die mit den Sanssouci-Terrassen betrauten Gärtner Philipp Friedrich Krutisch und Friedrich Zacharias Saltzmann mit ihren kinderreichen Familien untergebracht.

1787 schaltete Friedrich Wilhelm II. eine Garteninspektion zwischen die Hofgärtner und den König. Der Garteninspektor Johann Gottlob Schulze bezog 1791 das östliche Gebäude und richtete dort eine Unterrichtsstätte für Gärtnerlehrlinge ein. Unter Friedrich Wilhelm III. änderte sich die Verwaltung abermals, und Schulze wurde Gartendirektor. Sein größter Konkurrent Peter Joseph Lenné zog 1817 in das westliche Haus. Nach Schulzes Pensionierung übernahm er 1828 sowohl dessen Amt als auch dessen Dienstwohnung.

Das Gebäude wurde 1850 im Stil eines Landhauses umgebaut, aber es ist bis heute Sitz der Gartendirektion geblieben. Ein 1975 an die südwestliche Ecke gepflanzter Baum unterstreicht das mediterrane Flair der Architektur: der Judasbaum.

Wie sein Name bereits enthüllt, erstreckt sich das natürliche Verbreitungsgebiet des am Mittelmeer beheimateten „Baumes von Judäa" bis nach Israel. Dort hat sich der Legende zufolge Judas Ischariot nach seinem Verrat an Jesus an einem solchen Baum

erhängt. Die Besonderheit des Judasbaumes zeigt sich im Frühjahr, wenn er sein kahles Geäst mit einem Kleid aus lilafarbenen Schmetterlingsblüten bedeckt: Sie treten nicht wie gewöhnlich an jungen Trieben in Erscheinung, sondern brechen aus älteren Zweigen und sogar aus dem Stamm hervor. Es bietet den Vorteil, dass die Blüten zur Bestäubung auch von größeren Tieren erreicht werden können, und ermöglicht dem Baum, schwerere Früchte zu tragen.

6 Die Neptungrotte

Der weitere Weg führt an den Putten entlang, geradeaus zur Neptungrotte. Sie wird derzeit restauriert. Zur Zeit Friedrichs II. gehörten Grotten in jeden besseren höfischen Garten. Sie waren nicht nur Schmuck, sondern dienten auch zur kühlenden Rast bei Parkspaziergängen. Zurück auf der Hauptallee, ist das letzte der Rondelle erreicht, das **Mohrenrondell,** zu dem neben Marmorbüsten exotischer Menschen auch die zweier römischer Kaiser gehörten.

Die Allee führt direkt auf das **Obeliskportal** zu. Die zwei Torpfeiler, bestehend aus je vier klassischen Säulen, sind das Werk Knobelsdorffs, des Erbauers von Schloss Sanssouci.

Eine liegende Nymphe weist den weiteren Weg. Es geht einige Stufen hinauf, um wenige Meter weiter auf einem Balkon zu stehen, der eine prächtige Aussicht auf die Friedenskirche eröffnet.

Grotte: *(ital.) künstliche Felsenhöhle, meist mit Brunnen*

Obelisk: *hoher vierkantiger, sich nach oben verjüngender Stein; Sinnbild des altägyptischen Sonnengottes*

Das Obeliskportal mit einem ägyptischen Vorbildern nachempfundenen Obelisk als Endpunkt des Schlossbezirks

⦿ Historischer Ort: das Triumphtor

Schräg gegenüber dem Obelisk, wenige Meter außerhalb des Parks Sanssouci, wurde ein Hügel in Weinbergterrassen verwandelt. Das italienische Winzerhäuschen macht die Täuschung vom sonnigen Süden perfekt. Am Fuß des Hügels steht ein Tor aus kunstvoll verarbeiteten roten Ziegeln. König Friedrich Wilhelm IV. plante hier den Beginn einer Triumphstraße, die sich am nördlichen Rand des Parks Sanssouci hinziehen sollte. Bis auf das Orangerieschloss blieb die Straße ein Fantasieprodukt. Das Tor selbst feiert den Sieg der Truppen des späteren Königs Wilhelm I. über revolutionäre Aufständische in Süddeutschland 1849.

Friedenskirche 🚶

April bis Okt.
täglich geöffnet

Basilika: *(altgriech.) dreischiffige Kirchenanlage aus der Frühzeit des Christentums*

❼ Die Friedenskirche

Ganz wie in Italien steht da eine Basilika mit einem 42 Meter hohen Campanile. Das ganze Ensemble spiegelt sich malerisch im Wasser. Hier haben Baumeister und Landschaftsgestalter eine gemeinsame Idee verwirklicht.

Die ersten Pläne für die Friedenskirche stammten von König Friedrich Wilhelm IV., der mit diesem Gotteshaus seiner tiefen Religiosität ein Monument setzen wollte. Frühchristliche und romanische Vorbilder sind unverkennbar. Zehn Jahre dauerte der Bau der Kirche, die 1854 geweiht wurde. Entstanden ist ein ganzer Komplex, bestehend aus **Basilika**, **Glockenturm**, **Vorhalle** und klosterähnlichen Anbauten. Kein Wunder, wenn sich die Besucher beim Betreten in eine Klosteranlage versetzt fühlen.

Das Innere der Friedenskirche enthält eine Reihe wertvoller Kunstwerke, darunter ein Mosaik aus der Kirche San Cypriano auf der Insel Murano bei Venedig. Unter dem Altar befindet sich die **Gruft** mit dem Sarg des Bauherren und seiner Gemahlin.

An die Friedenskirche schließt ein **Mausoleum** an. Durch das Gitter kann man – zumindest in den Sommermonaten – die Särge Kaiser Friedrichs III. und seiner Gemahlin und den des „Soldatenkönigs" Friedrich Wilhelm I. sehen. Eine große Statue des betenden Jesus unterstreicht den Charakter dieses Ortes.

Im klosterartigen **Säulengang** entlang der Kirche ist ein Wandstück als Brunnen gestaltet. Antike Fundstücke wurden an einer rohen Ziegelmauer befestigt. Diese Mauer gehörte zur Umzäunung des Marlygartens, den der „Soldatenkönig" hier anlegen ließ. Sie diente auch als Kugelfang bei Schießübungen.

Durch den Säulengang geht es zum Pförtnerhaus, von wo eine kleine Pforte zum Ausgang **Grünes Gitter** führt. Von dort sind Sie in wenigen Minuten in der Potsdamer Innenstadt. Oder Sie folgen Tour 2 auf einem weiteren Rundgang durch den Park Sanssouci.

Mausoleum: *architektonisch ausgeführtes fürstliches Grabmal*

Campanile: *(ital.) freistehender Glockenturm*

⊙ Historische Orte: Begräbnisstätten preußischer Monarchen im Park Sanssouci
Friedrich Wilhelm I. – Mausoleum neben der Friedenskirche
Friedrich II. – Gruft neben Schloss Sanssouci
Friedrich Wilhelm IV. und Gemahlin – Gruft unter der Friedenskirche
Friedrich III. und Gemahlin – Mausoleum neben der Friedenskirche
Auguste Victoria, Gemahlin von Kaiser Wilhelm II. – Antikentempel

Tour 2: Der Park Sanssouci – den ganzen Park erleben

🕐 ca. 5 Stunden

Tram **91, 94, 98**
BUS **X15, 605, 606, 695**
Halt: *Luisenplatz Süd/
Park Sanssouci*

🍴**17** Eismanufaktur

*Fotos oben: Belvedere
auf dem Klausberg,
Schloss Charlottenhof
unten: Friedrich II.*

1 **Der Marlygarten**

Gleich hinter dem Parkeingang „**Grünes Gitter**" führt eine kleine Mauerpforte in den Marlygarten. Hier, wo zur Zeit des „Soldatenkönigs" Kohl und Rüben für die Schlossküche angebaut wurden, gestaltete der Gartenkünstler Peter Joseph Lenné vor rund 150 Jahren einen besonders schönen Parkbereich. Er wurde in den vergangenen Jahren nach alten Plänen wiederhergestellt. Mit der Bezeichnung „mein Marly" wollte der sparsame „Soldatenkönig" seine Verachtung gegenüber der verschwenderischen Hofhaltung in Versailles ausdrücken. Der dortige Schlossgarten heißt „Marly".

Der Hauptweg durch den Marlygarten führt zu einem Gärtnerhaus aus der Entstehungszeit von Schloss Sanssouci. Auf der anderen Seite dieses Hauses steht die berühmte **Marmorstatue Friedrichs des Großen**. Sie zeigt den noch jungen König mit dem Spazierstock in der Hand und den Blick in die Ferne gerichtet. Es ist ein Werk aus dem Jahr 1899.

Wenige Meter weiter beschert der Weg eine unvergessliche Aussicht auf die Weinbergterrassen und Schloss Sanssouci, auf die Fontäne und die Skulpturen des Französischen Rondells. In Blickbeziehung zum Schloss steht das Haus des Feldmarschalls von Keith, einem engen Freund Friedrichs II.

2 Das Chinesische Haus

Stets in Sichtweite zum Schloss Sanssouci schlängelt sich der Weg zu einem der beliebtesten Ziele im Park Sanssouci, dem Chinesischen Haus. Es steht in einem Parkbereich jenseits der nach französischen Vorbildern angelegten Gärten. Es wurde 1754 in die wilde Natur des **Rehgartens** gebaut, um der höfischen Gesellschaft einen Ort zum Verweilen zu bieten.

Auf dem Dach dieses kleeblattförmigen, goldenen Pavillons sitzt unter einem Sonnenschirm ein Mandarin. Ihm scheint die Aussicht zu gefallen. Um das Haus herum gruppieren sich exotisch anmutende Gestalten. Teils in Dreiergruppen, teils als musizierende Einzelfiguren. Beim näheren Betrachten stellt sich die Frage: Sind hier wirklich Chinesen dargestellt, oder eher als Chinesen verkleidete Europäer?

Das Innere des Hauses dient als Ausstellungsraum für seltenes Porzellan. Der Pavillon zeigt, wie sehr das Reich der Mitte zur Zeit Friedrichs II. die Mode beeinflusste.

Chinesisches Haus 😊
Mai bis Okt.
Di–So 10–18 Uhr

Chinesisches Haus

3 Der Park Charlottenhof

Der Ökonomieweg hinter dem Chinesischen Haus führt zu einer kleinen Brücke. Über sie hinweg und durch eine Pforte im **Meiereigebäude** erreicht man einen Parkbereich, der im 18. Jahrhundert noch ein Gutshof außerhalb vom Park Sanssouci war. König Friedrich Wilhelm IV., der zeit seines Lebens von Italien träumte und immer nach Gelegenheiten suchte, seinen Sehnsüchten konkrete Gestalt zu geben, hat dieses Gelände angefügt.

Tram 91, 94, 98
BUS 605, 606
Halt: *Schloss Charlottenhof*

Bereits als Kronprinz erhielt er das Terrain geschenkt und verpflichtete zwei begnadete Künstler mit der Gestaltung: den Gartenarchitekten Lenné und den Architekten Schinkel. Durch das glückliche Zusammenwirken beider Künstler entstand ein meisterhaftes Ensemble von Landschaftspark und Architektur. Die ordnende Hand wird im Park kaum sichtbar. Alles erscheint natürlich und dennoch ist alles nach einem ausgeklügelten Plan so platziert, dass sich immer neue, unerwartete Sichten ergeben. Anders als bei Barockgärten ist in diesem Landschaftsgarten nichts auf das Schloss hin ausge-

Betörende Düfte im Rosengarten am Schloss Charlottenhof

Polyeder-Sonnenuhr am Eingang zu den Römischen Bädern

Römische Bäder 🚶 😊
Mai bis Okt.
Di–So 10–18 Uhr

Im Innenhof der Römischen Bäder

richtet. Wiesen, Baumgruppen, Plastiken und Gebäude stehen in einer gleichberechtigten und harmonischen, heiteren Beziehung. Da dieser Teil des Parks Sanssouci weniger besucht wird, ist er der ideale Ort für Ruhe und Besinnung.

4 Die Römischen Bäder

Italienische Landhäuser sind die Vorbilder für die malerische Gebäudegruppe mit dem Namen Römische Bäder. Entstanden ist sie zwischen 1829 und 1840. Obwohl eines der Häuser einem antiken römischen Bad (Caldarium) nachempfunden ist, fungierte es niemals als Badeanstalt. Der Bauherr Kronprinz Friedrich Wilhelm IV. hat sich hiermit ein Stück Italien nach Preußen geholt. Vier Häuser und Pavillons sind durch Pergolen miteinander verbunden und bilden so ein geschlossenes Ganzes.

5 Der Maschinenteich

Nicht weit von den Römischen Bädern entfernt erstreckt sich der Maschinenteich, ein künstlich angelegtes Gewässer. Hier lieferte einst die erste Dampfmaschine Preußens die Kraft für das fließende Wasser im Park Charlottenhof. Die kleine Insel im See ist über eine Brücke erreichbar. Von hier aus bietet sich noch einmal ein idyllischer Blick auf die Römischen Bäder mit dem **Teepavillon** im Vordergrund.

Der königliche Butt

Am Eingang zu den Römischen Bädern findet sich ein kleiner, steinerner Wasserspender in der Form eines Fisches. So rund und gedrungen wie er aussieht, kann es nur ein Butt sein.

Es ist unglaublich aber wahr: Mit dieser Figur hat sich der Bauherr, Kronprinz Friedrich Wilhelm IV., ein augenzwinkerndes Denkmal gesetzt. Schon in seiner Kindheit wurde er von seinen Geschwistern „Butt" genannt. Vielleicht weil er etwas rundlich geraten war, vielleicht auch als witzige Anspielung auf den Titel des französischen Thronfolgers: „Dauphin" (was Delfin bedeutet). Der Kronprinz hat seinen Spitznamen angenommen und selbst verwendet. Das Ess-Service auf Schloss Charlottenhof trägt auf allen Teilen einen goldenen Butt, und auch in seinem Schriftverkehr fügte Friedrich Wilhelm gern die Zeichnung eines Butts ein. Und er hat – selbstironisch genug – den wasserspeienden Fisch entworfen.

Überhaupt war der König eine Künstlernatur. Als kleiner Junge begann er, Dantes „Göttliche Komödie", Goethes „Faust" und einige von Shakespeares Werken zu illustrieren. Mehr und mehr interessierte er sich allerdings für Landschaften und Architektur. Und immer wieder kam seine Sehnsucht nach dem Süden zum Ausdruck. Italien war für ihn das Land der Träume. Bereits mit 15 Jahren meinte er, in Rom jeden Winkel zu kennen. Sein Vater sah diese Liebe zu Italien mit Sorge und Skepsis. Erst im Alter von 33 Jahren durfte Friedrich Wilhelm dorthin fahren. Die Eindrücke waren überwältigend. „Es ist zum ohnmächtig werden", schrieb er nach Hause.

Das Orangerieschloss und die Friedenskirche im Park Sanssouci, die Sacrower Heilandskirche sowie viele über die Stadt verstreute Villen im italienischen Stil zeugen von dieser Reise. Denn Friedrich Wilhelm IV. holte durch diese Bauten ein wenig Italien nach Preußen. Der Landschaftsgestalter Lenné und die Architekten Schinkel, Persius, Hesse u.a. unterstützten ihn dabei. Ihr gemeinsames Werk wurde zum Weltkulturerbe.

Lenné – der Gärtner des Königs

Diesmal ist er zu weit gegangen. Der Gartendirektor und somit Verantwortliche für alle Gartenanlagen der Residenzen Berlin und Potsdam, Peter Joseph Lenné, hat dem König einfach widersprochen, als dieser Änderungen im großen Plan zur Verschönerung der Potsdamer Landschaft vornehmen wollte. König Friedrich Wilhelm IV. wird zornig und zeigt Lenné die Tür. Was bildet sich dieser Mann ein, der nur behutsame Eingriffe in die Natur vornehmen will, anstatt der Natur den königlichen Willen aufzuzwingen? Ein paar Tage später glaubt Lenné, das Donnerwetter sei vorüber. Und tatsächlich – die Hügel und Baumgruppen dürfen wie geplant angelegt werden, nur ein paar Gebüschpflanzungen und kleine Wasserläufe sollen ihren Platz wechseln. Lennés Plan ist gerettet.

War es nun ein Vor- oder ein Nachteil, dass der 1840 auf den Thron gelangte Friedrich Wilhelm IV. von Architektur und Landschaftsgestaltung einiges verstand und mit Vorliebe selbst Pläne entwarf? Es war beides, denn einerseits besaß Lenné nun einen Auftraggeber für all die großen Projekte, die er sich vorgenommen hatte. Andererseits aber musste Lenné viel Diplomatie im Umgang mit hochgestellten Persönlichkeiten entwickeln, um die Ansprüche an sich selbst wahren zu können.

1816 war Lenné nach Potsdam gekommen, und von Beginn an bezog er die weitere Umgebung in seine Pläne mit ein. Die Parkanlagen der Schlösser bildeten dabei die zentralen Teile. 1833 verfasste er einen „Verschönerungsplan der Umgebung von Potsdam". Für dessen Umsetzung entstanden mit der Thronbesteigung Friedrich Wilhelms IV. günstige Voraussetzungen. Der neue König schrieb damals an Lenné: „… aus der Umgebung von Berlin und Potsdam könnte ich nach und nach einen Garten machen; ich kann vielleicht noch zwanzig Jahre leben, in einem solchen Zeitraum kann man schon etwas vor sich bringen. Entwerfen Sie mir einen Plan!"

Was Lenné in den folgenden Jahren schuf, bestimmt heute noch das Bild der Grünzonen Potsdams, und es ist Teil des Weltkulturerbes geworden. Lenné wurde Ehrenbürger der Stadt Potsdam, eine Straße am Rande des Parks Sanssouci erhielt seinen Namen. Er starb 1866 und liegt auf dem Bornstedter Friedhof begraben.

Schloss Charlottenhof mit Maschinenteich im Vordergrund

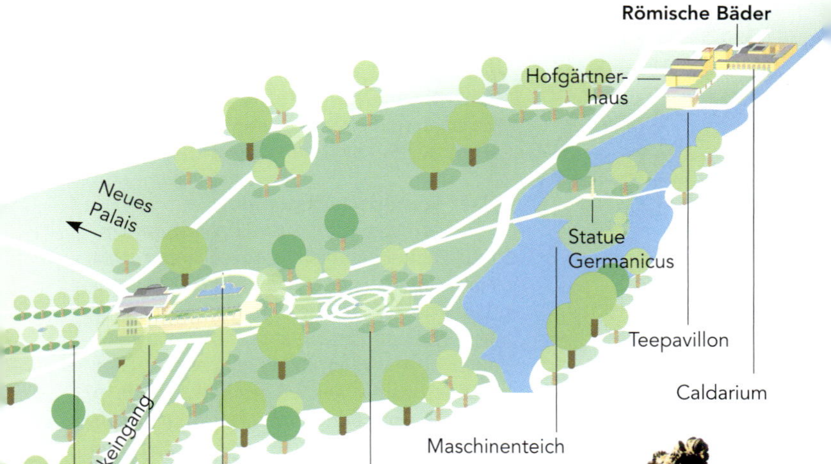

Römische Bäder

Hofgärtner-
haus

Neues
Palais

Statue
Germanicus

Teepavillon

Caldarium

Maschinenteich

Parkeingang

Büste von
Kronprinzessin
Elisabeth

**Schloss
Charlottenhof**

Dichterhain

Rosengarten

6 Schloss Charlottenhof

Wer nicht den kürzesten Weg zum Schloss
Charlottenhof einschlägt, sondern den kleinen
Umweg durch den **Rosengarten** nimmt, wird
mit reicher Blütenpracht belohnt.

Karl Friedrich Schinkel, der Architekt zahlreicher klassizistischer Bauten in Berlin und
Potsdam, hat 1829 mit dem kleinen Schloss
Charlottenhof ein besonderes Meisterwerk vollbracht. Auf der begrenzten Grundfläche eines
früheren Gutshauses ließ er ein Bauwerk entstehen, das mit einfachen Stilmitteln den Geist
der Antike vermittelt. Es enthält nur neun eher

*Büste von
Kronprinzessin Elisabeth*

Schloss Charlottenhof
Mai bis Okt.
Di–So 10–18 Uhr

39

Tempel: *(latein.) Kultbau für eine Gottheit*

kleine Räume. Die schlichte Innengestaltung – teilweise ebenfalls von Schinkel – trägt zu dem eher bürgerlich-privaten Charakter dieses Schlosses bei. Die Vorliebe des Bauherren für das Fremde und Ungewöhnliche zeigt sich deutlich im Zeltzimmer mit seiner blau-weiß gestreiften Tapete und der zeltartigen Decke.

Neben dem Schloss erhebt sich in einem Bassin eine Marmorsäule, darauf die Büste einer jungen Frau. Es ist ein Bildnis der Kronprinzessin Elisabeth. Gegenüber dem Haupteingang von Schloss Charlottenhof markieren die Porträtbüsten der deutschen Dichtergrößen Goethe und Schiller den Beginn des Dichterhains. Jeweils vier deutsche und vier italienische Dichter sind dort verewigt.

7 Der Freundschaftstempel

Der weitere Weg führt zum **Hippodrom**. Die elliptische Reitbahn ist als ein separater Parkteil angelegt, bei dem wiederum römische Anlagen als Vorbild dienten. Unterschiedlich hohe Gehölze sollen an abgestufte Sitzreihen erinnern. Im weiten Bogen geht es zurück in den friderizianischen Teil des Parks zu einem kleinen Tempel, den Friedrich II. seiner früh verstorbenen Lieblingsschwester Wilhelmine widmete, dem Freundschaftstempel. Er ist eine der typischen Parkarchitekturen des Barock. Die Medaillons an den Säulen zeigen berühmte Freundespaare aus der Antike.

Marmorplastik von Friedrichs Lieblingsschwester Wilhelmine im Freundschaftstempel

◎ Historischer Ort: Schloss Charlottenhof

Er war den Amazonas hinauf gefahren, hatte schneebedeckte Gipfel in den Anden bestiegen, alte Kulturen entdeckt und bis dahin unbekannte Pflanzen und Tiere beschrieben. Fünf Jahre lang war er in Mittel- und Südamerika unterwegs. Später folgte eine Expedition nach Sibirien. Alexander von Humboldt gilt als einer der größten Forschungsreisenden des 19. Jahrhunderts und Wegbereiter einer wissenschaftlichen Geografie. Er verbrachte fünf Sommer in Schloss Charlottenhof und in den Römischen Bädern, während er an seinem Hauptwerk „Kosmos" arbeitete. 1849 wurde er Potsdams Ehrenbürger. *Foto: Denkmal vor der Humboldt-Universität Berlin*

Wilhelm II. – eigensinniger Enkel von Queen Victoria

Nach nur 99 Tagen auf dem Thron war Kaiser Friedrich III. am 15. Juni 1888 im Alter von nur 57 Jahren gestorben. Die kaiserliche Standarte auf dem Neuen Palais, wo er seit einigen Jahren die Sommermonate verbrachte, weht auf Halbmast. Rund um das Gebäude ist von Trauer allerdings keine Spur. In kleinen Gruppen nähern sich Uniformierte, umstellen das Schloss und bilden eine Postenkette. Die Gewehre sind geladen, Neugierige werden davongejagt. Es ergeht der Befehl, dass niemand das Palais verlassen darf. Wer in Verdacht gerät, etwas aus dem Haus zu schmuggeln, wird durchsucht. Der Befehl gilt nicht etwa illoyalen Bediensteten, sondern der Witwe des Kaisers. Sie steht unter Hausarrest. Es wurde der Verdacht ausgesprochen, sie habe sich des Hoch- und Landesverrats schuldig gemacht.

In die Welt gesetzt hatte diesen Verdacht ihr eigener Sohn, der 28-jährige Thronerbe Wilhelm II. Er hasste seine Mutter. Als älteste Tochter der britischen Königin Victoria besaß sie eine von Liberalismus, Rationalität und Toleranz geprägte Lebensauffassung, die dem jungen Preußen stets fremd blieb. Vor allem gab er ihr die Schuld daran, dass er mit einer körperlichen Behinderung leben musste. Denn während seiner Geburt wurden Nerven beschädigt, die für die Beweglichkeit des linken Arms wichtig sind. In den Kindheitsjahren hatte die Mutter mit zum Teil brutalen Mitteln versucht, den Makel zu beseitigen. Das Ergebnis war ein schwieriger, unausgeglichener Charakter.

Im Neuen Palais des Jahres 1888 wurde allerdings nichts gefunden, was die Witwe des Verrrats überführen könnte. Als neues Quartier wurde ihr daraufhin das Krongut Bornstedt zugewiesen, wo sie bereits schöne Jahre in der ersten Zeit ihrer Ehe zugebracht hatte.

Der neue Kaiser Wilhelm II. nutzte in den Sommermonaten ebenfalls das Neue Palais als Residenz und ließ dort einige technische Neuerungen einbauen, z.B. einen Fahrstuhl. Selbst ein eigener Bahnhof, der Potsdamer „Kaiserbahnhof", wurde in der Nähe errichtet.

Am 31. Juli 1914 unterschrieb der Kaiser im Neuen Palais die Erklärung des Kriegszustandes, der Erste Weltkrieg begann. Sein Ende besiegelte den Untergang der deutschen Monarchie.

BUS 695, 605, 606
Schlösser-Linie
Halt: *Neues Palais*

Neues Palais
April bis Okt.
Mi–Mo 10–18 Uhr
Nov. bis März
Mi–Mo 10–17 Uhr

4 Fredersdorf
Café & Restaurant

8 Das Neue Palais

Den Vorplatz des Neuen Palais erreichen Sie über die Hauptallee. Sie läuft genau auf den Mittelteil des Schlosses zu. Hier haben Sie einen vollen Blick auf das imposante Gebäude. Es ist eine Drei-Flügel-Anlage mit seitlichen Anbauten. Ein paar beeindruckende Zahlen: 240 Meter lang, 300 Zimmer, zwei Vestibüle, mehrere Festsäle, dazu ein Theater, vier Treppenhäuser verbinden die drei Etagen, das Schloss verfügt über 322 Fenster und ist geschmückt mit 488 Figuren vor und auf der Fassade. Erbaut wurde es in nur sechs Jahren zwischen 1763 und 1769.

Mit dem Ende des Siebenjährigen Krieges war Preußen zur europäischen Großmacht aufgestiegen. Das Neue Palais sollte ein architektonischer Ausdruck der neuen Macht sein. Für den König war das Schloss eine gewaltige Prahlerei. Obwohl sich Friedrich II. in einem Seitenflügel (!) selbst eine prachtvoll ausgestattete Wohnung einrichten ließ, bewohnte er das

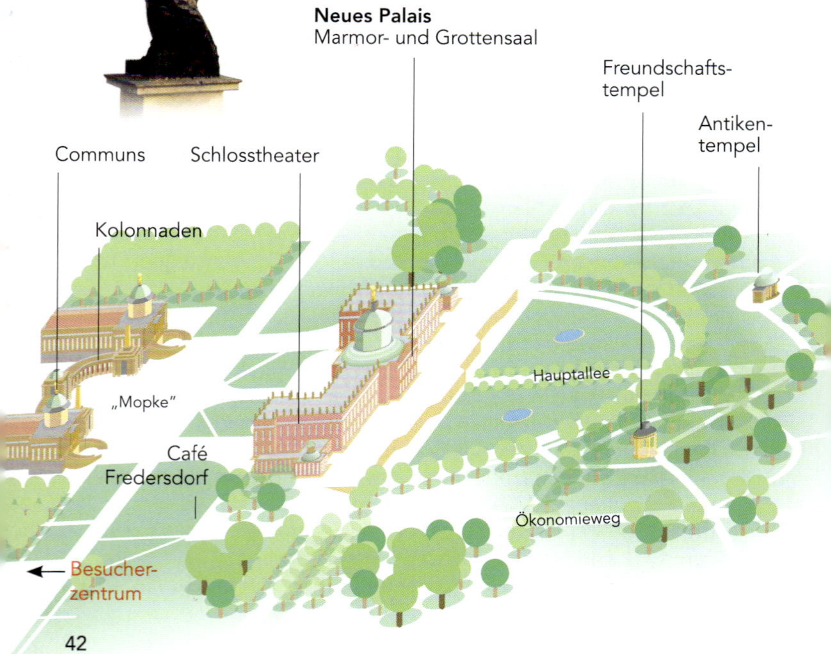

Neues Palais
Marmor- und Grottensaal

Freundschafts-
tempel

Antiken-
tempel

Communs   Schlosstheater

Kolonnaden

Hauptallee

„Mopke"

Café
Fredersdorf

Ökonomieweg

← Besucher-
zentrum

große Schloss selten. Es blieb Besuchern – Verwandten und ausländischen Gästen – vorbehalten. Im Inneren begegnet man noch einmal der ganzen Pracht des friderizianischen Rokoko. Besonders beeindruckend ist der sich über zwei Etagen erstreckende Festsaal, der **Marmorsaal**, und der im Erdgeschoss befindliche **Grottensaal**. Seine Wände sind mit Muscheln, Mineralien und Korallen dekoriert. Von außen nicht sichtbar, beherbergt das Schloss eines der schönsten Rokoko-Theater Deutschlands. Es verfügt über 300 Plätze und ist eine Spielstätte des Potsdamer Hans Otto Theaters.

Die **Besuchereingänge** zum Neuen Palais befinden sich auf der Rückseite des Gebäudes. Von hier aus tut sich der Blick auf ein weiteres schlossähnliches Bauensemble auf. Die von **Kolonnaden** miteinander verbundenen Zwillingsbauten mit den großen ausschwingenden Treppen und den markanten Kuppeln dienten ursprünglich profanen Zwecken. Hier befand sich die Küche des Neuen Palais (unterirdisch miteinander verbunden), und hier wohnten die zahlreichen Diener. Daher wurden sie **Communs** – das heißt „Bauten fürs gemeine Volk" genannt. Heute besitzt hier die Universität Potsdam Hörsäle und Seminarräume.

Marmorgalerie

*Schlosstheater
im Neuen Palais*

Aufgrund von Sanierungsarbeiten kommt es zur zeitweisen Schließung einzelner Räume.

Communs: *(franz.)
Kammern; Nebengebäude eines Schlosses*

◎ **Historischer Ort: Die „Communs"**

Der Platz zwischen dem Neuen Palais und den „Communs" – der sogenannte „Mopke" (benannt nach den in Holland üblichen Backsteinpflasterungen) – war Paradeplatz vor allem für das in den nahen Kasernen stationierte Lehr-Infanterie-Bataillon. Es bestand aus Abgesandten deutscher Regimenter, die hier mit den neuesten Exerzierreglements vertraut gemacht wurden.

Ein Haufen fanatischer Hitlerjungen hielt in den letzten Kriegstagen diesen „Ruhmeshof" für den richtigen Platz, um sich zu verschanzen und der anrückenden Roten Armee ein Scharmützel zu liefern. Es gab Tote auf beiden Seiten, die Communs wurden stark beschädigt.

🚌 **695**
Schlösser-Linie
Halt: *Drachenhaus*

Das Drachenhaus

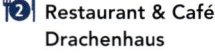

🍴2 **Restaurant & Café**
Drachenhaus

Am **Antikentempel**, heute Grabmal der letzten deutschen Kaiserin und anderer Hohenzollern, vorbei führt nun der Weg zu einem Parkausgang an der Maulbeerallee.

⑨ Das Drachenhaus

Nach Überqueren der Straße geht es bergan. Treppen erleichtern den Aufstieg zu einer Pagode ganz nach chinesischem Vorbild. Links hinter einer Mauer zeigt sich ein Weinberg. Die Pagode war dem Winzer als Wohnung zugewiesen. So verband Friedrich II. das Schöne mit dem Praktischen. Heute ist sie ein beliebtes Restaurant mit vielen schattigen Außenplätzen im Sommer.

⑩ Das Belvedere auf dem Klausberg

An der oberen Begrenzungsmauer des Weinbergs führt der Weg zum Belvedere auf dem Klausberg. Von dem Rundtempel aus ergeben sich sehr schöne Ausblicke auf den westlichen Teil des Parks. Wolken und Vögel auf dem Deckenbild verstärken den Eindruck, sich in luftiger Höhe aufzuhalten. 1772 fertiggestellt, ist das Belvedere das letzte Bauwerk, das Friedrich II. in Auftrag gab. Von hier aus konnte er sich vom Gelingen seines Lebenswerkes in Sanssouci überzeugen. In der Bibliothek des Königs fand man in einem Buch aus dem Jahr 1738 das Muster für den Bau: das Macellum des Nero in Rom. Das Belvedere wurde im

Communs mit Kolonnade

Zweiten Weltkrieg als einziger Schlossbau von Sanssouci schwer beschädigt. Erst seit wenigen Jahren steht der originalgetreue Nachbau.

▶ Abstecher: Das Schloss Lindstedt

Rund zehn Minuten Fußweg, an Kleingärten vorbei, sind es vom Belvedere zu der italienischen Villa. 1860 erbaut, sollte Schloss Lindstedt Alterssitz für König Friedrich Wilhelm IV. sein. Er konnte es allerdings nicht mehr beziehen. Das Haus ist von einem zauberhaften Garten umgeben. Das Schloss ist nur bei Veranstaltungen zugänglich, aber ein Gang durch den Garten lohnt allemal. ▶

11 Lindenallee

Eine breite **Lindenallee** zieht sich auf dem Rücken einer Anhöhe vom Belvedere zum Orangerieschloss. Sie wurde erst 1902 angelegt und bildet eine markante Sichtachse zwischen den Bauten hoch über dem Park Sanssouci.

▶ Abstecher: Der Botanische Garten

Wenige Meter die Straße aufwärts kommt man zum Botanischen Garten der Universität Potsdam. Dazu gehörten das bereits 1844 angelegte **Paradeisgärtl** am Hang sowie die Gewächshäuser an der Maulbeerallee. Eine breite Auswahl biologisch interessanter Gewächse subtropischer und tropischer Gebiete findet sich hier. Fast 10.000 Pflanzenarten werden kultiviert. ▶

Belvedere auf dem Klausberg 😊
Mai bis Okt.
Sa, So, feiertags
10–18 Uhr
(2016 geschlossen)

Belvedere auf dem Klausberg

Botanischer Garten 😊
täglich geöffnet
April bis Sept.
9.30–17 Uhr
Okt. bis März
9.30–16 Uhr
Freilandanlagen
ganzjährig ab 8 Uhr
bis Sonnenuntergang

695 **Schlösser-Linie**
Halt: *Orangerie*

Orangerieschloss
April Sa, So, feiertags
10–18 Uhr
Mai bis Okt.
Di–So 10–18 Uhr

*links: Statue von König
Friedrich Wilhelm IV. vor
dem Orangerieschloss
rechts: Reiterstandbild
von Friedrich II., im
Hintergrund das Orange-
rieschloss*

Das Orangerieschloss

Das Orangerieschloss gehört mit dem Neuen Palais zu den großen Bauwerken im Park Sanssouci. 1860 fertiggestellt, überflügelt es mit seinen 300 m Länge sogar noch das Neue Palais. Vor dem Mittelbau empfängt uns der Bauherr Friedrich Wilhelm IV. als Marmorstatue. Wir haben ihn bereits kennengelernt als Bauherrn der Friedenskirche und der Schlösser im Park Charlottenhof. Sie alle sprechen von der Italiensehnsucht des Königs, mal mit starken religiösen Zügen, mal mehr verspielt. Das Orangerieschloss aber stellt alles in den Schatten. Bei seinen Plänen hat der König vieles kopiert, was ihm an Italien so wichtig war – die Villa Medici in Rom, die Uffizien in Florenz und sogar die Sala Regia im Vatikan. Seine Baumeister hatten alle Mühe, die verschiedenen Elemente zu einem harmonischen Ganzen zu verbinden.

Die Flügel des Gebäudes sind im Sommer leer, im Winter aber vollgestellt mit subtropischen Kübelpflanzen aus dem Park. Die Figuren entlang der Seitenflügel stellen die zwölf Monate und die vier Jahreszeiten dar. Der Mittelbau aber ist ein richtiges Schloss. Hier befindet sich eine Gästewohnung, die der König speziell für seine Schwester einrichten ließ. Sie hieß Charlotte und war verheiratet mit dem russischen Zar Nikolaus I. In den fünf

Raffaelsaal

Jubiläumsterrassen

Standbild
Fr.- Wilhelms IV.

Orangerieschloss
Aussichtsplattform

Reiterstandbild
Friedrichs II.

Winterdomizil
der Kübelpflanzen

Krongut
Bornstedt

Plastik
Bogenschütze

Orangerie

Schloss
Sanssouci

Maulbeerallee

Zimmern wurde – offenbar dem Geschmack der Gäste entsprechend – auf die Stilelemente des Rokoko mit viel Gold und Edelsteinen zurückgegriffen. Das Ergebnis ist eine kalte Pracht, die wenig vom Charme der friderizianischen Bauten besitzt. Schmuckstück des Orangerieschlosses ist der **Raffaelsaal**. In dieser zweistöckigen Galeriehalle hängen über 50 Kopien von Gemälden des Renaissancemalers Raffael (1483 – 1520), die junge Maler im preußischen Auftrag in Paris herstellten. Der Raffaelsaal dient gelegentlich als stilvolle Kulisse für Konzerte.

Über eine enge Wendeltreppe im Inneren des westlichen Turms der Orangerie gelangen die Besucher auf eine **Aussichtsplattform**. Von hier aus öffnet sich ein weiter Rundblick auf den Park und Potsdam, auch auf die Gartenanlagen vor dem Schloss mit ihren Wasserspielen und zahlreichen Plastiken. In der entgegengesetzten Richtung ist Bornstedt mit dem See, dem Krongut und dem Friedhof zu erkennen.

„Bogenschütze" von Ernst Moritz Geyger (1861–1941)

▶ Abstecher: Die Terrassen der Orangerie

Von der Aussichtsplattform des Orangerieschlosses fällt der Blick auf ein Reiterstandbild und auf die Plastik eines Bogenschützen. Der Abstecher dorthin lohnt sich, denn Sie haben von unten einen herrlichen Ausblick auf das gesamte Panorama des Orangerieschlosses. Breite Treppen führen über mehrere Terrassen hinab. Die unterste Terrasse, die **„Jubiläumsterrasse"**, wurde erst 1913 zum 25. Regierungsjubiläum von Kaiser Wilhelm II. angelegt. Der fotogene Bogenschütze ist eine Arbeit aus dem Jahr 1901. Und wem das Reiterstandbild Friedrichs II. bekannt vorkommt, der hat es Unter den Linden in Berlin schon einmal gesehen. Dort allerdings deutlich größer und aus Bronze. Im Park Sanssouci steht eine verkleinerte Nachbildung aus Marmor. ▶

⑬ Der Nordische Garten

Der Weg zum Endpunkt der Tour am Schloss Sanssouci führt durch den **Nordischen Garten**. Hier dominieren Nadelgehölze – Tannen, Fichten, Wacholder und zwei beeindruckende Ginkgobäume. Beenden Sie den zweiten Rundgang durch den Park Sanssouci mit einem Besuch der **Historischen Mühle** (siehe Seite 50).

Ein Aussichtsplateau über dem Nordischen Garten ist von zwei Ginkgo-Bäumen – einem weiblichen und einem männlichen – flankiert.

Die Nachbarn von Sanssouci

Das Krongut Bornstedt

Was wie ein gut gepflegter Gutshof mit einem Hauch von Toskana aussieht, ist das Ergebnis jahrelanger Rekonstruktionsarbeiten. Gebäude, die Jahrzehnte als Lager oder Geräteschuppen dienten, wurden wieder in einen Zustand versetzt, der das einstige romantische Gesamtkunstwerk um 1860 gut erahnen lässt.

Vom Herrenhaus bis zum Kuhstall war für das Kronprinzenpaar Friedrich und Victoria alles für ein ländliches Leben vorhanden. Mit der Neuentdeckung dieses Kleinods haben sich allerdings die einzelnen Nutzungszwecke sehr verändert. Das Herrenhaus beherbergt heute u.a. Standesamt, Salons und das Restaurant Brauhaus. In die Ställe und Scheunen zogen die Hofbäckerei, Gutsläden, Restaurants und das Potsdamer Zinnfiguren Museum ein.

Krongut Bornstedt
Ribbeckstr. 6–7
www.krongut-bornstedt.de

 92
Krongut-Linie
Halt: *Kirschallee*
ca. 5 min Fußweg

🍴**3** Brauhaus im Krongut

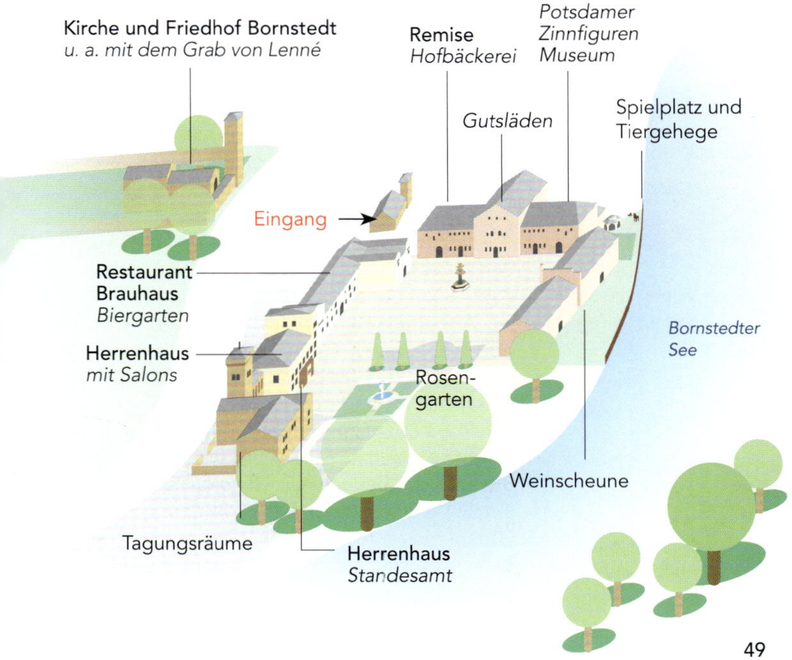

Kirche und Friedhof Bornstedt
u. a. mit dem Grab von Lenné

Remise
Hofbäckerei

Potsdamer
Zinnfiguren
Museum

Gutsläden

Spielplatz und
Tiergehege

Eingang →

Restaurant
Brauhaus
Biergarten

Herrenhaus
mit Salons

Rosen-
garten

Bornstedter
See

Weinscheune

Tagungsräume

Herrenhaus
Standesamt

Historische Mühle 😊
April bis Okt.
täglich 10–18 Uhr
Nov. bis März
Sa, So 10–16 Uhr
Dez. geschlossen

Tipp:
Kleine Mühlenkunde,
erschienen im Verlag
terra press

*Fotos rechts: Holländi-
sches Viertel, Brandenburger Straße*

Die Mühle von Sanssouci

In Potsdam steht eine weltberühmte Mühle, fast so berühmt wie das Schloss nebenan: die Mühle von Sanssouci. Dieses Beieinander von höfischem Leben und profaner Arbeit verleiht Sanssouci den besonderen Reiz.

Die Mühle liefert den Stoff für eine berühmte Legende: Eines Tages sei das Geklapper der Mühle König Friedrich II. dermaßen auf die Nerven gefallen, dass er den Müller aufforderte, sich an anderer Stelle niederzulassen. Der Müller aber pochte auf seine Erbpacht und somit auf sein gutes Recht zum Bleiben. Das Gericht gab ihm Recht. Die Moral: In Preußen sind vor Justitia alle gleich.

Eine solche Legende ist viel zu schön, um wahr zu sein. Historiker haben herausgefunden, dass nicht der König sich gestört fühlte, sondern der Müller. Denn der Bau des Schlosses beeinträchtigte die Windverhältnisse erheblich. Schließlich war die damalige Mühle eine kleine märkische Bockwindmühle. Tatsächlich entschädigte der König den Müller und schenkte ihm eine an anderer Stelle. Die Mühle in der Nähe des Schlosses aber blieb stehen und wurde 1791 durch eine neue, viel größere – einen „Galerieholländer" – ersetzt.

In den letzten Kriegstagen des Jahres 1945 brannte diese Mühle aus und stand für Jahrzehnte nur noch als Stumpf auf dem Hügel. Mühlenfreunde in ganz Deutschland trugen dazu bei, dass sie fast originalgetreu wieder aufgebaut werden konnte. Mehr noch: Sie erhielt wieder ein funktionierendes Mahlwerk. Ausstellungstafeln in der Mühle erzählen von der Verwandlung von Getreide in Mehl und vom Leben der Müller (Serviceteil S. 151).

Anzumerken bleibt, dass Potsdam vor rund 200 Jahren fast 40 Mühlen besaß. Sie verschwanden mit der Einführung der Dampfmaschine. König Friedrich Wilhelm IV. gründete die Königliche Dampfmahlmühle und brachte zahlreiche Müller um ihre Existenz. Schließlich überlebte die Historische Mühle als einzige. Zu verdanken hat sie es dem Gartenkünstler Peter Joseph Lenné, der sie in seine Verschönerungspläne der Potsdamer Landschaft einbezog.

*Die Erkundung der Potsdamer Innenstadt ist in zwei Touren aufge-
teilt. Planen Sie für jede Tour rund zwei Stunden ein. Unterwegs gibt
es viele Gelegenheiten für eine Rast: Cafés, Restaurants oder Imbiss-
Buden.*

Tour 3 beginnt am Potsdamer Hauptbahnhof und führt in den ältesten Teil der Potsdamer Innenstadt, in den Schlossbezirk und zu den
Prachtbauten der Residenz. Hier erleben wir das Potsdam Friedrichs des
Großen. Auf der Tour wird die Fantasie in besonderem Maße gefragt
sein, um vor dem geistigen Auge ein Potsdam wiederauferstehen zu lassen, das in einer April-Nacht des Jahres 1945 durch englische Bomben
und spätere Bausünden untergegangen ist.

Tour 4 Wir beginnen mit der Freundschaftsinsel mit ihrem sehenswerten Stauden-und-Plastiken-Garten und kommen zum ältesten Siedlungskern. Dann tauchen wir ein in die „zweite barocke Stadterweiterung". Sie brachte zwei Bauensembles hervor, die wie die Verkörperung alter preußischer Tugenden erscheinen: exakt ausgerichtet, sparsam und schmucklos erbaut, nur dem Zweck verpflichtet, Handwerkern und Soldaten eine Unterkunft zu geben. Das „gelbe" Viertel ist die Aneinanderreihung von regionaltypischen Fachwerkhäusern, das „rote" ist das aus Ziegeln errichtete Holländische Viertel. In diesen Quartieren hat sich eine lebendige Innenstadt mit vielen kleinen Läden, Restaurants und Cafés erhalten.

Extra: Eine Begegnung mit den zahlreichen Kultur- und Gewerbeeinrichtungen im Quartier „Schiffbauergasse".

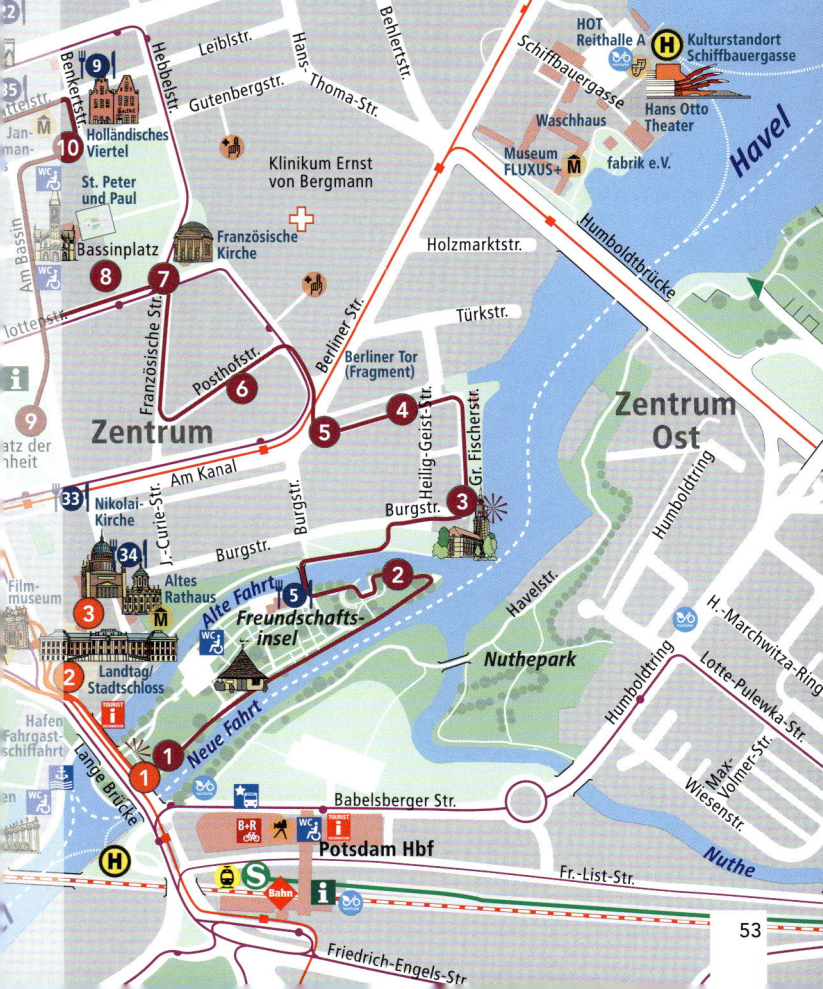

Tour 3: Auf den Spuren der Residenzstadt

🕐 ca. 2 Stunden

Tram BUS alle Linien Richtung Innenstadt

Halt: *Lange Brücke*

Fotos oben: Kutschstall-Portal, Blick auf den Landtag, im Hintergrund die Kuppel der Nikolaikirche

Weisse Flotte Potsdam GmbH
Siehe Serviceteil S. 144

❶ Die Lange Brücke

Die Lange Brücke zwischen dem Potsdamer Hauptbahnhof und der Stadt bietet Gelegenheit zur ersten Bekanntschaft: das Kupferdach des Landtagsgebäudes, die Kuppel der Nikolaikirche, die Atlas-Figur auf dem Alten Rathaus, ein Hotelturm... Dort schlägt das Herz der Stadt. Viele verschiedene Brücken hat die Havel in den vergangenen Jahrhunderten hier erlebt – aus Holz, aus Stein, aus Stahl. Und verschiedene Bauwerke standen am Nordufer des Flusses: eine mittelalterliche Burg, ein Schloss nach holländischem Vorbild, dann ein größeres, diesmal nach französischem Muster. Dann leere Mauern, gelegentlich ein Zirkuszelt und nun wieder Schloss. Der Weg über die Brücke führt geradewegs dorthin.

❷ Der Landtag

Um die jüngere Geschichte dieses Bauwerkes zu verstehen, werfen wir einen Blick in die entgegengesetzte Richtung. Auf einer Anhöhe steht dort ein burgenähnlicher, trutziger Bau. Er wurde um das Jahr 1900 als kaiserliche Kriegsschule errichtet und diente nach der Wiedergeburt des Landes Brandenburg von 1991 bis 2013 als brandenburgischer Landtag. Ein demokratisches Parlament am Rand der Stadt und in einem dafür völlig ungeeigneten Bau – das

Das Potsdamer Stadtschloss

Da hat Friedrich der Große seine Potsdamer Residenz nach allen Regeln der Kunst ausgeschmückt: mit einem Residenzschloss in der Stadtmitte und einem privaten Schlösschen jenseits der Stadtmauern. Seinem Baumeister Knobelsdorff hat er Handskizzen vorgelegt, auf deren Basis zwischen 1745 und 1755 architektonische Kunstwerke entstanden. Die Nachwelt aber zeigte sich ungerecht. Während das große, prachtvolle Stadtschloss bei den Besuchern, die bis 1945 nach Potsdam kamen, nur am Rande wahrgenommen wurde, strömten alle zum kleinen Schloss Sanssouci.

Am 14. April 1945 wurde die Potsdamer Innenstadt bombardiert, das Stadtschloss brannte aus. Während der Lustgarten rasch zum Polizeisportplatz umgestaltet wurde, prägte die Schlossruine 15 Jahre lang die Stadtmitte. 1959 kamen die Sprengkommandos. Der Bau machte einer autofreundlichen Verkehrsführung Platz. Zugleich wurde das preußische Erbe „entsorgt". Ende der 1980er Jahre erschreckte hier der Betonkern eines Theaterneubaus die Potsdamer. Bevor dieser eine ansehnliche Außenhaut bekommen konnte, war der Sozialismus am Ende. Der Klotz wurde für den möglichen Wiederaufbau des Stadtschlosses geschliffen.

Lange wurde darüber gestritten, wann, wie und vor allem mit wessen Geld der Wiederaufbau erfolgen sollte. Mit Sponsorenhilfe wurde 2002 das Fortunaportal wieder errichtet. Es sollte zur Initialzündung für den Wiederaufbau des Schlosses werden. 2006 beschlossen die Landesparlamentarier, ihren Sitz in ein wieder aufzubauendes Stadtschloss zu verlagern. Damit war ein Bauherr gefunden. Ein moderner Bau „in der Kubatur des Stadtschlosses" war damals die Devise. Bis der Software-Milliardär Hasso Plattner auf den Plan trat und 20 Millionen Euro spendete, um den Bau in historischer Fassade zu ermöglichen. Auch erhaltene Original-Bruchstücke sollten eingearbeitet werden. Dank einer zweiten Spende Plattners wurde auch die Wiederherstellung des Kupferdachs möglich. 2014 zogen die Abgeordneten des Brandenburger Landtages in ihr neues Domizil ein.

Foto: Subtile Botschaft am Landtag – „Dies ist kein Schloss."

konnte nur ein Provisorium sein. Der Neubau an der Havel ist, auch wenn es auf den ersten Blick nicht so scheint – eine Lösung mit Zukunft.

Bis auf geringe Details präsentiert sich der Landtag in der Hülle des einstigen Stadtschlosses der Hohenzollern in Potsdam, nach Berlin ihre zweite Residenzstadt. Hier regierte der berühmte „Soldatenkönig" und sein noch berühmterer Sohn Friedrich II., „der Große". Letzterer ließ das Gebäude allerdings kräftig umbauen, aufstocken und repräsentativer herrichten, bevor er einzog. Sogar ein Theater ließ er einbauen. Die zur Straße gerichtete Front war der dem Lustgarten zugewandte „Corps de logis". Die vierspurige Straße und die Tram-Trasse trennen jedoch seit den 1960er Jahren das Schlossareal und den Lustgarten. Seit der

Corps de logis:
Haupttrakt eines Schlosses bzw. Stadtpalais. Er ist durch Größe und Schmuck hervorgehoben; hier befinden sich die Repräsentationsräume.

Nikolaikirche 🚶
Mo–Sa 9–18 Uhr
So 11.30–18 Uhr

ehem. Stadtschloss/
Brandenburg. Landtag

Stadthafen

Nikolaikirche

Ausstellungspavillon

Fortunaportal

Am Kanal

Am Alten Markt

Alter Markt

Stadthafen

Alte Fahrt

Lange Brücke

Neue Fahrt

Haltestelle
Wasser-Taxi

Hauptbahnhof →

Obelisk

Freundschaftsinsel

Altes Rathaus

Zeit des „Soldatenkönigs" war dies allerdings weniger ein Ort der Erholung und des Vergnügens, sondern vielmehr ein riesiger Exerzierplatz mitten in der Stadt. Hier entstand im Zuge der Bundesgartenschau von 2001 der **Neue Lustgarten**. Hier finden sich einige Fundstücke aus den zerstörten Anlagen, so die Ringerkolonnaden und Reste des Neptunbrunnens.

Der Plenarsaal des brandenburgischen Landtages

Am westlichen Seitenflügel des Gebäude sehen wir in goldenen Lettern angebracht die Aufschrift: „Ceci n'est pas un château" - „dies ist kein Schloss". Danke für den Hinweis, denn die Täuschung scheint perfekt. Selbst die kleine Treppe, die sich der „Soldatenkönig" anlegen ließ, um von seinen Gemächern direkten Weges auf den Exerzierplatz zu kommen, ist da. Und dennoch: Im Inneren hat das Haus denkbar wenig mit dem Königsschloss zu tun: Die Architekten des Neubaus meisterten die Aufgabe, ausreichend Arbeitsräume für die Abgeordneten, Fraktionssäle und einen Plenarsaal samt Besucher- und Presse-Tribünen mit modernster technischer Ausstattung zu schaffen. Letzterer ist in edlem Weiß/Rot (den Farben Brandenburgs) gehalten.

Das knobelsdorffsche Treppenhaus im Landtag

Der Zugang zum Landtag erfolgt durch das Fortunaportal am Alten Markt und über den Innenhof des Gebäudes. Der Landtagsinnenhof, das Knobelsdorff-Treppenhaus, das Foyer mit einem interaktiven Gebäudemodell und einer Cafeteria sowie das Landtagsrestaurant und die Dachterrasse sind montags bis freitags ohne Voranmeldung öffentlich zugänglich. Einzelbesucher können die Sitzungen des Landtages von der Besuchertribüne des Plenarsaals verfolgen. Eine rechtzeitige Platzreservierung ist notwendig. Am Plenartag selbst erfolgt der Einlass für nicht vorangemeldete Besucher nur nach Maßgabe freier Plätze.

Brandenburger Landtag
www.landtag.brandenburg.de
Anmeldung für Besucher:
Tel. 0331-966 1251

Goldig in Sichtweite: Die Fortuna auf dem nach ihr benannten Schloss-Portal und die Atlas-Figur, deren Vorgänger aus Blei 1776 herabstürzte, wobei zum Glück kein Mensch zu Schaden kam.

Altes Rathaus
Potsdam Museum –
Forum für Kunst und
Geschichte
Dauerausstellung
„Potsdam – eine Stadt
macht Geschichte"
Di–So 10–17 Uhr
Do 10–19 Uhr

Café Art Potsdam im Potsdam Museum

❸ Der Alte Markt

Der Alte Markt war im Alten Potsdam zugleich Marktplatz, also auch die „Gute Stube" der Stadt. Nur wenige Meter entfernt befanden sich das königliche Schloss mit dem der Stadt zugewandten Eingang, dem Fortunaportal. Hier stehen in trauter Gemeinsamkeit die wichtigste städtische Kirche und das Rathaus. In den Zugangsstraßen fügten sich Häuser mit meist prächtigen Fassaden an. Das Ensemble geht auf Vorgaben Friedrichs II. zurück.

Der zentrale Punkt des Alten Marktes ist der **Obelisk** mit den Medaillons der Baumeister, die Potsdam entscheidend geprägt haben. Schließen Sie die Augen und stellen Sie sich die Marktstände vor, an denen vor 100 Jahren die Potsdamer Hausfrauen einkauften – Brot, Fleisch, Gemüse ... Damals kam noch quietschend eine Straßenbahn um die Ecke. Begrenzt wurde der Platz durch die Nordfassade des Schlosses, die Nikolaikirche und das Alte Rathaus. Vom historischen Alten Markt und seiner Umgebung sind nur noch wenige Gebäude vorhanden:

Die riesige Nikolaikirche. Sie gehört zu den Höhepunkten des deutschen Klassizismus und zu den Hauptwerken von Karl Friedrich Schinkel. 1837 wurde sie geweiht, aber erst seit 1850 bestimmt ihre gewaltige Kuppel die Silhouette Potsdams. In 42 Meter Höhe zieht sich eine **Aussichtsplattform** um die Kuppel, von der sich ein fantastischer Blick über die Potsdamer Innenstadt bietet. Während des Aufstiegs zeigt sich der Innenraum der Kirche mit den zwölf Aposteln in voller Schönheit.

Das Alte Rathaus. Es wurde vom niederländischen Architekten Jan Bouman im Stil eines italienischen Palazzo errichtet und 1755 mit einer goldenen Atlas-Figur gekrönt. Nach umfangreichen Umbauten beherbergt das Alte Rathaus mit dem benachbarten „Knobelsdorff-Haus" (einem vom Sanssouci-Erbauer errichteten Bürgerhaus) das **Potsdam Museum** – Forum für Kunst und Geschichte. Die Dauerausstellung „Potsdam – eine Stadt macht Geschichte" wird durch Sonderschauen ergänzt.

Der Alte Markt um 1900

Nikolaikirche

Altes Rathaus

Palais Barberini

Schienen der Pferdebahn

östlicher Schlossflügel

Fortuna-portal

Das Fortunaportal. Es entstand 1701 aus Anlass der Erhebung Preußens zum Königreich. Als Triumphbogen verband es das Stadtschloss mit der Stadt. Es wurde in den 1960er Jahren mit den Kriegsruinen des Schlosses gesprengt. Spenden ermöglichten 2001 einen Nachbau. Nachdem das Portal zehn Jahre lang allein die Idee vom Schlossneubau wachhielt, ist es nun wieder integraler Bestandteil des Nachfolgebaus.

Das Palais Barberini. Typisch für das friderizianische Potsdam waren Palastimitationen. Hinter aufwendigen Fassaden mit oft italienischem Vorbild verbargen sich simple Bürgerhäuser. So auch im 1771/72 erbauten Palais Barberini, das direkt an den Alten Markt grenzt und das seinen Namen vom Vorbildbau in Rom hat. Das Haus wurde 1945 zerstört und wird zurzeit als künftige Gemäldegalerie wiedererrichtet. Der SAP-Gründer Hasso Plattner will hier u.a. seine umfangreiche Sammlung von DDR-Kunst zeigen. Auch die angrenzenden Gebäude entstehen neu: außen Rokoko, innen nun moderne Eigentumswohnungen.

Die Kuppel der Nikolaikirche

⊙ Denkwürdiger Ort: Das Steuben-Denkmal

Der Held des amerikanischen Unabhängig-keitskrieges war ein Leutnant im Heer Fried-richs II. Nach dem Siebenjährigen Krieg wan-derte er nach Amerika aus und kämpfte an der Seite George Washingtons. Er trug sich mit dem Gedanken, Prinz Heinrich, einem Bru-der Friedrich II., die amerikanische Königskro-ne anzubieten. Die New Yorker ehren Steuben alljährlich mit einer Parade. 1911 bekam Pots-dam vom USA-Kongress ein Steuben-Denkmal geschenkt, das seinen Platz in der Nähe des jetzigen Standortes erhielt. Nach dem Zweiten Weltkrieg wurde es eingeschmolzen. 2005 bekam Potsdam das Denk-mal zum zweiten Mal geschenkt – diesmal als Nachbildung.

❹ Der Marstall

Unweit der Westfassade des Landtages, jenseits der Friedrich-Ebert-Straße, befindet sich der einzige weitgehend im Original erhaltene Teil des einstigen Schlosskomplexes. 1685 als Oran-gerie erbaut, wurde er unter dem „Soldatenkö-nig" als Pferdestall – „Marstall" – umfunktio-niert und 1746 auf doppelte Länge erweitert.

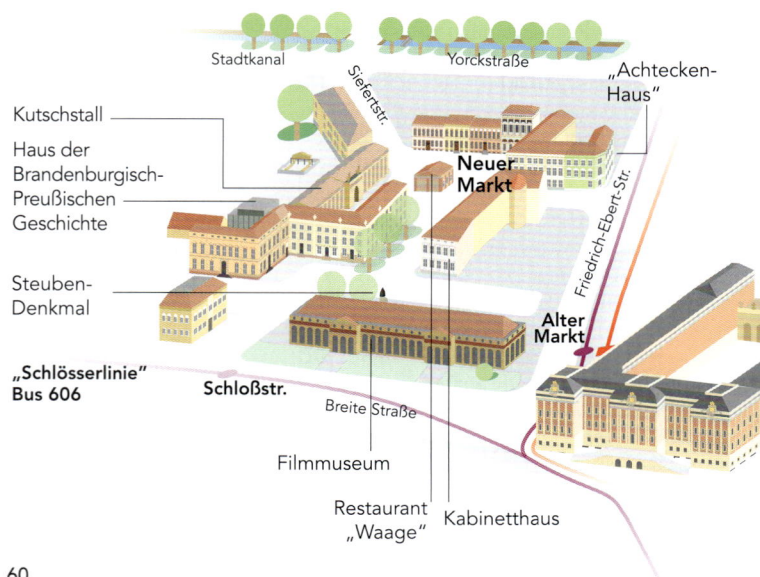

Die Reiterstatuen über den Portalen lassen an der damaligen Bestimmung des Gebäudes keinen Zweifel. Der über 330 Jahre alte Bau dient seit 1981 als **Filmmuseum Potsdam**. In einer ständigen Ausstellung dokumentiert es die 100-jährige Geschichte der Filmproduktion in Potsdam-Babelsberg. Kameras und Vorführgeräte aus der Frühzeit des Films sind zu sehen, Filmplakate, Kostüme und Requisiten aus Filmen, die Geschichte schrieben, und vieles andere mehr. Zum Teil spektakuläre Sonderausstellungen beleuchten Aspekte des deutschen und internationalen Films.

Im Museum befindet sich ein Studiokino. Präsentiert wird hier Filmkunst von gestern und heute. Das Kino verfügt über eine funktionsfähige Welte-Orgel. Es ist ein historisches Instrument, mit dem Stummfilme musikalisch begleitet wurden und heute noch werden.

Eine in die Erde eingelassene Platte erinnert an den ursprünglichen Standort eines Denkmals für Friedrich Wilhelm von Steuben, einen Helden des amerikanischen Unabhängigkeitskampfes. Die Erkundungstour erreicht nun die **Rückseite des Marstalls**. Hier erst zeigt sich, dass er aus zwei Baukörpern aus unterschiedlichen Stilepochen besteht. Ein paar Schritte weiter stoßen wir auf den Nachguss des Denkmals für Friedrich Wilhelm von Steuben. Die hier einmündende kurze, mit Bäumen bestandene, Straße führt am reich verzierten Kabinetthaus vorbei zum Neuen Markt.

BUS X15, 606
Halt: *Schloßstr.*

Marstall: *Gebäude zur Unterbringung von Pferden, Wagen und Geschirr an Fürstenhöfen*

Filmmuseum Potsdam
Di–So 10–18 Uhr
(siehe Seite 71)

Ein junges Museum: das HBPG

Weil der vollständige Name „Haus der Brandenburgisch-Preußischen Geschichte" ein wenig sperrig ist, hat man sich in Potsdam schnell an die Abkürzung HBPG gewöhnt. An ein herkömmliches Museum war ohnehin nicht gedacht, als das Haus 2003 – teils im denkmalgeschützten früheren königlichen Kutschstall, teils in neu entstandenen Funktionsbauten – seine Pforten öffnete. Ein lebendiges Forum für die vielseitige Beschäftigung mit der Geschichte sollte es sein. Und das ist es auch geworden. Es besitzt keine eigene Sammlung. Sämtliche Exponate der Dauerausstellung stammen aus Berliner, Brandenburger und anderen deutschen Museen und Sammlungen; auch etliche Privatpersonen stellen ihre Schätze zur Verfügung. Kunstgeschichtlich bedeutsame Stücke stehen neben eher „trivialen" Gegenständen der Alltagskultur.

Eine Dauerausstellung lädt zu einer facettenreichen, kurzweiligen Zeitreise durch 900 Jahre regionaler Geschichte ein. Auf engem Raum treffen hier die Reliquien religiöser Umbrüche, machtpolitischer Kämpfe und sozialer Auseinandersetzungen aufeinander. In Brandenburg-Preußen, wo sich scheinbar die natürlichen Ressourcen in Wasser, Wald und Sand erschöpften, regierten die Hohenzollern über ein sich entwickelndes Land, das sich eine gewaltige Armee leistete. Hier entstanden Kunstwerke von hohem Rang, und wissenschaftliche Entdeckungen ließen aufhorchen. Rund 400 originale Objekte aus Brandenburg und Berlin sowie Fotos, Filme und Multimediastationen erzählen in neun Kapiteln von der bewegten und bewegenden Vergangenheit Brandenburg-Preußens und seiner Menschen. Potsdams Rolle als Residenz der preußischen Militärmonarchie beleuchtet ein interaktives Stadtmodell, das den Zustand von 1912 zeigt.

Das HBPG präsentiert mindestens eine große Sonderausstellung pro Jahr. Da werden das Wirken herausragender Persönlichkeiten vorgestellt, Fotosammlungen präsentiert und wichtige Ereignisse aus der brandenburgisch-preußischen Geschichte – wie die Einführung der Kartoffel durch Friedrich den Großen – dargestellt. Außerdem lädt das Haus alljährlich zur „Potsdamer Geschichtsbörse" ein und trägt damit wesentlich zur Belebung des Potsdamer Neuen Marktes bei. Gerade für Familien ist das HBPG bestens geeignet. Der „Stalljunge Konrad" nimmt die Kinder mit auf einen 40-minütigen Ausstellungsrundgang.

5 Der Neue Markt

Abseits der großen Straßen gelegen, nimmt man diesen Platz erst wahr, wenn man auf ihm steht. Rund um die Ratswaage schmiegen sich Häuser aus dem 18. und 19. Jahrhundert aneinander und bilden ein stimmungsvolles Ensemble: das Forum Neuer Markt, Quartier für eine Reihe von wissenschaftlichen und kulturellen Einrichtungen. Das Haus Nr. 5 ist ein Neubau, der mit dem Kulissencharakter friderizianischer Bauten spielt. Auf der Mitte des Platzes steht das frühere **Wiegehaus**, dessen technische Einrichtungen zum Teil noch vorhanden sind. Heute dient es als Restaurant.

Am Neuen Markt

Das markanteste Gebäude am Platz ist der königliche **Kutschstall** aus dem Jahr 1787. Über dem Portal spielt sich eine in Stein gehauene lebhafte Szene ab: Ein Kutscher treibt drei Pferde zu höchster Eile an. Es ist ein Abbild des Leibkutschers von Friedrich II. (siehe Foto S. 54). Hier und in einem modernen Anbau hat das „Haus der Brandenburgisch-Preußischen Geschichte" sein Domizil.

Haus der Brandenburgisch-Preußischen Geschichte ♿ ☺
Di–Do 10–17 Uhr
Fr, Sa, So, feiertags
10–18 Uhr
www.hbpg.de
(siehe Seite 62)

6 Der Stadtkanal

Als Potsdam auf Geheiß des „Soldatenkönigs" im 18. Jahrhundert ausgedehnt wurde, entstand aus einem kleinen Entwässerungsgraben ein ansehnlicher Kanal, auf dem – wie auf holländischen Grachten – Schiffe Baumaterial heranschaffen konnten. Die Straßen entlang des Kanals gehörten zu den besten Adressen Potsdams. Der Stadtkanal verlor nach und nach seine Funktion. Er verschmutzte und wurde zugeschüttet. Entlang der „Straße am Kanal" (!) dient er als Parkplatz.

Nachbau des Glockenspiels der Garnisonkirche

Inzwischen haben die Potsdamer den Reiz des Kanals wiederentdeckt und an zwei Stellen wieder ausgegraben. Zum einen ein längerer Abschnitt entlang der Yorckstraße, zum anderen ein kleines Stück am östlichen Ende der Straße am Kanal. So wurde der Stadt eine Sehenswürdigkeit zurückgegeben, auf der jährlich der **Potsdamer Kanalsprint** stattfindet. An dem weltweit einmaligen Rennen nehmen Olympiasieger und Weltmeister teil.

Stadtkanal: siehe auch Seite 76

🍴6 Schmiede 9

🍴7 Waage

Wieder ausgegrabener Stadtkanal an der Yorck-straße

▶ Abstecher: Die Plantage

Der Weg am Kanal entlang führt zu einer Grünfläche, der Plantage. Hier steht die **Nach-bildung des Glockenspiels** der Garnisonkirche, das zu jeder halben Stunde, so wie einst das Original, erklingt. Dort, wo der wieder ausge-grabene Kanal heute endet, bog er früher nach links in Richtung Havel ab. ▶

7 Die Wilhelm-Staab-Straße

Der Rundgang überquert die Fußgängerbrücke über den Stadtkanal in die Wilhelm-Staab-Stra-ße. Sie zeigt eine geschlossene Bebauung, die allerdings auf den Ruinen des alten Potsdam in den 1950er Jahren nach alten Plänen neu ent-stand. Es hieß damals, es sei die „erste sozia-listische Barockstraße". Das Pflaster stammt noch aus der ursprünglichen Bebauung. Hin-ter einer der Fassaden verbirgt sich Pots-dams Konzerthaus – der Nikolaisaal. In altem Gemäuer befindet sich eine moderne Spielstät-te für Musik aller Genres.

Nikolaisaal
Wilhelm-Staab-Str. 10–11

**alle Bahnen
Richtung Innenstadt
Halt: *Platz der Einheit***

Nikolaisaal mit historischer Fassade und modernem Innenleben

🔴8 Die Charlottenstraße

Die Wilhelm-Staab-Straße führt zur Charlottenstraße. Ein Jahrzehnt war hier die Potsdamer Stadtgrenze, bevor der „Soldatenkönig" die zweite Stadterweiterung befahl. Die Bebauung, größtenteils im sogenannten Potsdamer Zopfstil, stammt aus der Zeit Friedrichs II. Die Breite der Straße mit ihren Straßenbahngleisen lassen hier jedoch kaum einen besinnlichen Eindruck entstehen. Daher folgen wir ihr in westlicher Richtung nur bis zur **Alten Wache**. Der frühklassizistische Bau aus dem Jahr 1797 war ein Geschenk des Königs Friedrich Wilhelm II. an „sein" ehemaliges Regiment, hatte also keine militärische Bedeutung. Heute ist es eine Bankfiliale. Hier kreuzt die Lindenstraße die Charlottenstraße.

Alte Wache

🔴9 Das Große Militärwaisenhaus

Die historische Bebauung entlang der **Lindenstraße** zeigt, wie im alten Potsdam das Einfache und das Pompöse direkt nebeneinander standen. Der langgestreckte schmucklose Bau in der mit Zierkirschen bestandenen Straße diente einst als Kaserne. Gegenüber erhebt sich der Hauptbau des Militärwaisenhauses, gut zu erkennen am tempelartigen Dachaufbau, dem **„Monopteros"** mit der Caritas-Figur. Erst vor Kurzem erhielt die Potsdamer Stadtsilhouette dieses im Krieg zerstörte Bauwerk zurück. Sehenswert ist das **Treppenhaus**. Zu den regulären Öffnungszeiten der dortigen Verwaltung ist es frei zugänglich.

Das Große Militärwaisenhaus zu Potsdam ist ein Gebäudekomplex, dessen Ausmaße denen des Stadtschlosses weit übertreffen.

Das Treppenhaus des Waisenhauses kann besichtigt werden.

Unten: Das Naturkundemuseum, im Hintergrund das ehemalige Militärwaisenhaus.

Die Einrichtung geht auf den „Soldatenkönig" zurück, der damit ein gottgefälliges Werk tun wollte. Die heutige Größe erhielt der Komplex erst zur Zeit Friedrichs II., als drei Kriege für eine große Zahl an Waisenkindern sorgten. Bis zu 4.000 Kinder wohnten hier, erhielten eine Schulausbildung, wurden aber auch als billige Arbeitskräfte ausgenutzt. In ihren Schuluniformen gehörten die Waisenkinder zum Potsdamer Stadtbild.

⑩ Am Neustädter Tor

Am Ende der Lindenstraße erreichen wir die Breite Straße. Das Eckhaus, ein grünes Palais, beherbergt die **naturwissenschaftliche Abteilung des Potsdam Museums**. Das Highlight ist ein Aquarium, in dem gezeigt wird, wie es unterhalb der Wasseroberfläche der Havel zugeht. In der anderen Richtung fällt vor Häusern aus jüngerer Zeit ein scheinbar altägyptischer Obelisk auf. Wie andere Obelisken in der Stadt auch, ist er eine Nachbildung und bildete mit einer – nicht mehr erhaltenen – zweiten Steinsäule das Neustädter Tor. Hier endete einst die Breite Straße. Bis in die 1960er Jahre erstreckte sich die Havelbucht bis zu der Stelle, an der inzwischen ein Einkaufscenter steht.

Weiter gehts auf der anderen Seite der Breiten Straße. Eine Ampel hilft bei der gefahrlosen Überquerung dieser vielbefahrenen Straße.

BUS 606
Halt: *Naturkundemuseum*

Naturkundemuseum
Breite Straße 13
Di–So 9–17 Uhr

Im Inneren des Dampfmaschinenhauses

▶ Abstecher: Das Dampfmaschinenhaus

Schon von Weitem zieht ein Minarett unsere Aufmerksamkeit auf sich. Beim Näherkommen zeigt sich auch die dazugehörige Moschee. Wir haben aber bereits gelernt, dass man in Potsdam nicht immer dem ersten Anschein glauben darf. Tatsächlich erleben wir hier ein weiteres Beispiel für die Verspieltheit des königlichen Bauherren Friedrich Wilhelm IV. Hinter der exotischen Fassade versteckt sich ein Pumpwerk. Es pumpt Havelwasser in ein Bassin auf dem Ruinenberg, von wo es zu den Fontänen im Park Sanssouci gelangt. Eine der ersten Dampfmaschinen Preußens leistete anfangs die Arbeit, nun tun es Elektromotoren. ▶

Der Rückweg des Abstechers führt am Ufer der Neustädter Havelbucht entlang. Das **Café „Seerose"** lädt zu einer Pause ein. Die schwungvollen Betonschalen erregten bei der Fertigstellung 1983 international großes Aufsehen.

An Bootsanlegern und Wohnhochhäusern vorbei, gelangt man über eine kleine Brücke in die Kiezstraße. Wir befinden uns hier in einem weiteren Siedlungskern, aus dem sich später Potsdam entwickelte: der Fischerkiez.

⑪ Die Kiezstraße

Gleich am Anfang der Straße eine typische Alt-Potsdamer Kneipe, der „Froschkasten" mit deftig märkischer Küche. Wenn da nicht die Autos auf der Straße wären, könnte man meinen, in der Kiezstraße habe sich das Potsdam aus der Zeit Friedrichs des Großen originalgetreu erhalten. Die Rokoko-Häuser stammen aus dem Jahr 1777. Die Rosskastanien in der Straßenmitte allerdings sind Nachpflanzungen einer urspünglich von Lenné angelegten Allee. Übrigens: Noch in den Zwanziger Jahren des vorigen Jahrhunderts wehrten sich die Bewohner der Straße mit Verbotstafeln gegen Autos.

Die Kiezstraße stößt an ihrem Ende auf die Hoffbauerstraße. Hier verläuft ein Teilstück des zugeschütteten Stadtkanals. Auf der gegenüberliegenden Straßenseite fällt ein Gebäudekomplex auf, dem man seine ursprüngliche Funktion als **Kaserne** sofort ansieht. Hier waren die Nachfolger des „Königsregimentes" stationiert: in der Kaiserzeit das 1. Garderegi-

Dampfmaschinenhaus 😊
Breite Straße 28
Mai bis Okt.
Sa, So, feiertags
10–18 Uhr
nur mit Führung
(2016 geschlossen)

In dem Minarett verbirgt sich ein Schornstein.

In der Kiezstraße

🍴⑧ Froschkasten

🍴⑬ I Fratelli

**⊙ Historischer Ort:
Die Semper-Talis-Kaserne**
Bis 1945 beherbergte sie das Infanterieregiment Nr. 9, das sich in der Traditionslinie der „Langen Kerls" (siehe Seite 83) sah. In keinem anderen preußischen Regiment versahen so viele adlige Offiziere ihren Dienst. Namhafte Angehörige dieses Regiments gehörten zu den Männern des militärischen Widerstands gegen Hitler, der in das gescheiterte Attentat vom 20. Juli 1944 mündete. Sie bezahlten ihren Patriotismus mit dem Leben.

**Gedenkstätte
„Potsdam und der
20. Juli 1944"**
Henning-von-Tresckow-
Straße 2–8, Mo–Fr

ment zu Fuß und später das 9. Infanterieregiment. Am anschließenden Wohnhaus an der Ecke Hoffbauerstraße/Breite Straße fällt ein skelettierter Ochsenkopf auf. Es ist eine Reminiszenz an den „Ochsenkopffries", der das einst an dieser Stelle stehende Verwaltungsgebäude der Potsdamer Gewehrfabrik zierte.

⑫ Die Breite Straße
Wir befinden uns jetzt wieder an der Breiten Straße. Hier standen sich früher auf Rufweite gegenüber: die Kaserne, die Garnisonkirche, die Gewehrfabrik und das Militärwaisenhaus. Das rote, mit großen Fenstern versehene und reich verzierte Doppelhaus entlang der Breiten Straße gehört zu den von Friedrich II. initiierten Prachtbauten. Es geht auf einen nicht realisierten Entwurf für Schloss Whitehall in London aus dem Jahr 1619 zurück. Hier verbergen sich hinter der auffälligen Palastfassade gleich zwei bürgerliche Wohnhäuser, benannt nach ihren ersten Besitzern: die Hiller-Brandtschen Häuser. Hier lebten der Kaufmann Hiller und der Schneider Brandt mit ihren Familien und den im flacheren Mitteltrakt obligatorisch einquartierten Soldaten. Damals hieß es: „In Potsdam lebt die Armut in Palästen".

Hiller-Brandtsche Häuser

⑬ Die Garnisonkirche
Wir überqueren erneut die Breite Straße an einem Ampelübergang und stehen vor einem modernen Zweckbau mit einem auffälligen

Garnisonkirche
Ausstellung
täglich 10–18 Uhr

Mosaikteil aus „Der Mensch bezwingt den Kosmos"

Mosaik. Es besteht aus 13 Teilen, hat den Titel „Der Mensch bezwingt den Kosmos" und stammt von Fritz Eisel (1929 – 2010). Der Mann, der da frei im All schwebt, ist nicht – wie häufig behauptet – Juri Gagarin, sondern Alexej Leonow, der 1965 als erster Mensch den Schutz der Raumkapsel verließ. Das Gebäude, das nach der letztendlichen Sprengung der Garnisonkirche errichtet wurde, diente zunächst als Rechenzentrum.

Detail an einem restaurierten Eisengitter

Auf der Spurensuche nach den Überbleibseln des Alten Potsdam sind wir nun am einstigen Standort der Hof- und Garnisonkirche.

⊙ Historischer Ort: Die Garnisonkirche

Die Garnisonkirche war stets mehr als ein Gotteshaus. Hinter dem Altar standen die Särge des „Soldatenkönigs" und – entgegen dessen Testament – Friedrichs des Großen. Fahnen und Standarten sollten an militärische Siege erinnern. So wurde die Kirche zur preußischen Weihestätte. Ihren schwärzesten Tag erlebte sie am 21. März 1933, als kurz nach dem Wahlsieg der Nationalsozialisten in Deutschland der Reichspräsident Paul von Hindenburg und Adolf Hitler mit einem politischen Schauspiel den Reichstag eröffneten. Kurz darauf lösten ihn die Nazis auf.

Ein gemauertes Portal markiert die Stelle, an der der 90 m hohe Kirchturm stand. Ein Stück weiter erinnert ein kunstvoll geschmiedetes Tor an die Kirche. Es stammt allerdings aus der Kaiserzeit.

Die Garnisonkirche wurde 1735 errichtet und war ein bedeutender Bau des preußischen Barock. In ihr fanden ursprünglich alle Soldaten der Potsdamer Garnison Platz. 1945 ausgebrannt, wurde sie 1968 gesprengt. Der Wiederaufbau des Turms ist beschlossen.

Ein kleines Grabungsfeld gewährt einen Blick auf die Grundmauern der Garnisonkirche. Dahinter steht eine einsame Barockfassade. Das dazugehörige Haus aber fehlt, der ursprüngliche Exerzierstall der Potsdamer Rekruten für den Winter, der „Lange Stall". Es war ein Fachwerkbau von beachtlichen Ausmaßen. Friedrich der Große ließ bei der Verschönerung seiner Residenz eine Schaufassade davorstellen. Der Holzbau brannte im Zweiten Weltkrieg ab, die Fassade mit den martialischen Figuren blieb.

Fassade des „Langen Stalls"

Von hier aus führt die Werner-Seelenbinder-Straße auf den Marstall, das Filmmuseum Potsdam, zu. Die Straße hieß früher Mammonstraße. Und tatsächlich wohnten hier die reichsten Vertreter der Potsdamer Gesellschaft: Generäle, Kaufleute, hohe Beamte. Der Gang durch diese Straße zeigt noch einmal Potsdams Widersprüchlichkeit. Auf der einen Seite die Palais der einstigen Residenz (allerdings meist noch im unrenovierten Zustand), auf der anderen Seite, die den Krieg nicht überstanden hat, frisch sanierte Wohnheime für Studenten.

An der Schlossstraße stehen die zwei Torhäuser, die den früheren Schlossbezirk optisch vom Rest der Stadt trennten. Beide stammen vom Sanssouci-Erbauer Knobelsdorff. Im Haus mit der Adresse Schloßstraße 1 lädt die **Spielbank Potsdam** ein, das Glück zu versuchen. Von hier aus ist bereits die Lange Brücke zu sehen, wo diese Tour begann und wo sie auch endet.

Spielbank Potsdam ♿
Joker's Garden
täglich
15–3 Uhr
Großes Spiel
11–3 Uhr
Automatenspiel

Filmstadt Potsdam

Das 20. Jahrhundert steht kurz bevor, als Erfinder in Frankreich, England, den USA und Deutschland die Bilder das Laufen lehren. Das Kino hält triumphalen Einzug in das Leben der Menschen. Ein Filmstudio nach dem anderen wird gegründet. 1911 siedelt sich eine Produktionsfirma in Babelsberg an und sorgte bald für spektakuläre Erfolge. Gleich der erste Film, „Totentanz" mit Asta Nielsen, zeigt hohen künstlerischen Anspruch.

Während des Ersten Weltkrieges entdeckte das deutsche Militär den Film als Massenmedium der psychologischen Kriegsführung und gründete gemeinsam mit Industriellen die halbstaatliche Filmgesellschaft UfA. Sie übernahm Mitte der 1920er Jahre die Babelsberger Studios. Als wenige Jahre später die Ära des Tonfilms begann, stand in Babelsberg eine junge Schauspielerin erstmals vor der Kamera. Der Film hieß „Der Blaue Engel" und die Anfängerin Marlene Dietrich. Als die Nazis das Kommando in Babelsberg übernahmen, verließ eine Reihe von jüdischen Schauspielern und vor allem Regisseuren das Land und ging in Richtung Amerika. Auch für Nichtjuden war es unerträglich, dass ein Propagandaminister namens Goebbels bis in die Besetzungslisten hinein alles diktierte. So auch Marlene Dietrich.

1945 fanden sich die Babelsberger Studios im russisch besetzten Teil Deutschlands wieder. Kulturoffiziere der Roten Armee sorgten dafür, dass die Filmproduktion schnell wieder einsetzte. 1946 kam aus Babelsberg der erste deutsche Nachkriegsfilm. Er – wie viele andere danach – setzte sich kritisch mit dem Nationalsozialismus auseinander. Aus der UfA wurde die DEFA, die staatliche Filmgesellschaft der DDR. Bis zu deren Ende entstanden hier 750 Spielfilme – bleibende Kunstwerke neben propagandistischen und belanglosen Streifen.

Mit der DDR verschwand auch die DEFA. Das Gelände stand nun für Produktionen aller Art zur Verfügung: Fernsehserien, Talkshows, Werbeclips und große Hollywood-Filme. Aus dem Filmgelände wurde die Medienstadt mit Studios des regionalen Rundfunk- und Fernsehprogramms rbb und Hightech-Anlagen für die verschiedensten Dienstleister.

Die Schiffbauergasse

Tram 93
Kultur-Linie
BUS N16
Halt: *Schiffbauergasse/*
Berliner Str.
Tram 94, 99
Halt: *Schiffbauergasse/*
Uferweg
www.schiffbauergasse.de

Näheres zu den
Kultureinrichtungen
an der Schiffbauer-
gasse im Serviceteil.

Museum Fluxus+
Mi–So 13–18 Uhr

Schiffbauergasse

Auf einer Landzunge am Havelufer spiegelt
sich die Potsdamer Geschichte auf besondere
Weise wider. Entlang der Schiffbauergasse in
alten Militär- und Industriebauten, aber auch
in architektonisch eigenwilligen Neubauten,
hat sich in den vergangenen Jahren ein integ-
rierter Kultur- und Gewerbestandort entwickelt,
wie er wohl einmalig in Deutschland ist. In
einem vergessenen Winkel der Innenstadt
unweit der Humboldtbrücke über die Havel
fand die Off-Szene viel Raum für Kunst und
kulturelle Experimente aller Art. Im Laufe der
Zeit und dank eines großen Engagements von
Stadt und Land entwickelte sich hier ein Quartier, dessen Reiz das enge Beieinander der verschiedensten Richtungen von Kunst, Kultur,
Hightech-Unternehmen und Gastronomie ausmacht. Viel wurde hier restauriert, aber auch
viel neugebaut. Angesichts dieses interessanten Wechselspiels von Alt und Neu ist es
kein Wunder, dass Stadtrundfahrten diesen
Teil Potsdams auf ihren Routen besuchen.

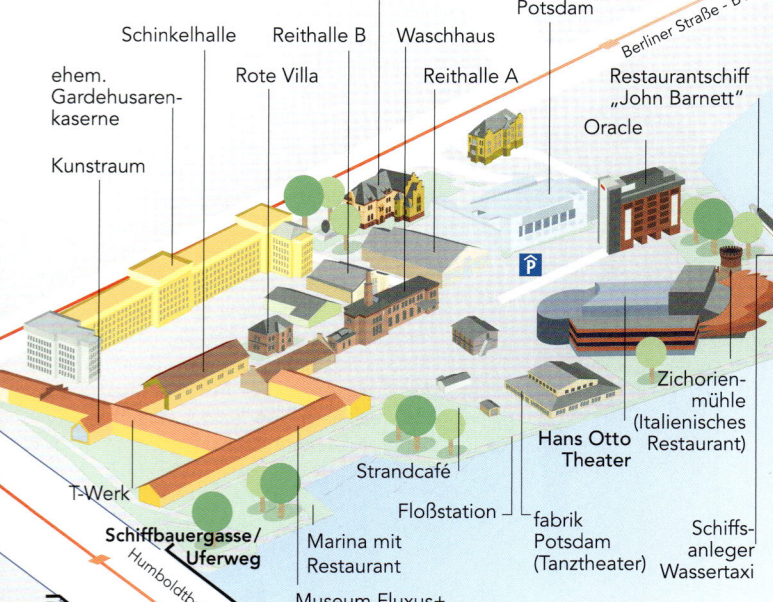

Casino

VW Design Center
Potsdam

Berliner Straße - B1

Schinkelhalle   Reithalle B   Waschhaus

ehem.
Gardehusaren-
kaserne

Rote Villa   Reithalle A

Restaurantschiff
„John Barnett"

Oracle

Kunstraum

Zichorien-
mühle
(Italienisches
Restaurant)

T-Werk

Hans Otto
Theater

Strandcafé

Floßstation

Schiffbauergasse/
Uferweg

Humboldtbrücke

Marina mit
Restaurant

fabrik
Potsdam
(Tanztheater)

Schiffs-
anleger
Wassertaxi

Museum Fluxus+
mit Shop und Café

Ihren Namen verdankt die Schiffbauergasse jener Werft, von der 1819 das damals größte Dampfschiff Europas vom Stapel lief. Später entstand hier eine große Kasernenanlage des Leib-Garde-Husaren-Regiments, an deren Planung auch Baumeister Schinkel beteiligt war. Zur Anlage gehörten allein vier Reithallen. Als in Potsdam 1856 die Straßenbeleuchtung Einzug hielt, führte dies zum Bau einer Gasanstalt mit vier Gasbehältern. Einer davon ist in den modernen Theaterbau integriert. Die 1880 am Ufer der Havel eingerichtete Königliche Garnisonwaschanstalt lebt im Kunst- und Kulturhaus „Waschhaus" weiter.

Hans Otto Theater

Potsdams schönes Stadttheater

Das Hans Otto Theater ist das Flagschiff des Kulturstandorts. Der Bau zeigt seine schönste Seite nicht zur Stadt hin, sondern in die Kulturlandschaft hinein. Vom Wasser aus oder vom gegenüberliegenden Park Babelsberg hat man die besten Ansichten auf die Fassade mit den herausragenden Dachschalen. Das Theater bietet einen abwechslungsreichen Spielplan, der Schauspiel, Musiktheater sowie Kinder- und Jugendtheater umfasst.

T-Werk

Die Zichorienmühle

Gleich neben dem Theater steht ein weiteres bemerkenswertes Gebäude: die Zichorienmühle, in der vor über 200 Jahren aus der gerösteten Wurzel des Chicorée Ersatzkaffee hergestellt wurde. Da diesen Kaffee auf Dauer niemand mochte, verlor die Mühle erst ihre ursprüngliche Funktion und bald darauf ihre Flügel. Aufgrund der pittoresken Lage bezog sie Friedrich Wilhelm IV. in seine Pläne zur Landschaftsverschönerung ein – heute steht sie unter Denkmalschutz und beherbergt ein Restaurant.

Waschhaus

Tour 4: Bummel durch die barocken Stadterweiterungen

Fotos oben: Töpfermarkt im Holländischen Viertel, Brandenburger Straße

ca. 3 Stunden

alle Bahnen Richtung Innenstadt Halt: *Lange Brücke*

Die Freundschaftsinsel ist reich an Skulpturen.

❶ Die Lange Brücke

Die Lange Brücke überquert zwei Flussarme der Havel, die Neue und die Alte Fahrt. Die Neue Fahrt (dem Bahnhof zugewandt) ist tief genug für die großen Schiffe. Im Hintergrund ist der Babelsberger Park zu sehen. Auf der Alten Fahrt schwimmen nur Ruderboote und Enten. Die beiden Havelarme umschlingen die Freundschaftsinsel.

❷ Die Freundschaftsinsel

Verlassen Sie die Lange Brücke und gehen Sie hinab zur Freundschaftsinsel. Sie hat ihren Namen von einer Ausflugsgaststätte, die vor 170 Jahren die Potsdamer an den Stadtrand lockte. Zum blühenden **Staudengarten** wurde sie jedoch erst in den 1930er Jahren, als der Gärtnerpoet Karl Foerster (1874 – 1970) sich der Insel annahm und einen Schau- und Sichtungsgarten für winterharte Stauden anlegte. Diese Arbeiten konnte er nach dem Krieg bis an sein Lebensende fortsetzen. Freilichtbühne, Abenteuerspielplatz, Ausstellungspavillon und Café kamen hinzu, dazu inzwischen 20 Kleinplastiken, darunter eine zum Gedenken an den berühmten Züchter.

Eine kleine Fußgängerbrücke führt Sie ins frühere Heiliggeist-Viertel. Nur wenig ist entlang der **Burgstraße** von der ursprünglichen

Die Freundschaftsinsel

Bebauung übrig geblieben. Mit den Mitteln der modernen Architektur wurde ein Wohnturm als Teil eines Seniorenheims genau an der Stelle errichtet, an der sich einst die **Heiliggeist-Kirche** befand. An Wochenenden ist er für Besucher geöffnet.

Am Ende der Straße hat sich – so die Archäologen – der älteste Potsdamer Siedlungskern befunden. Es war ein slawischer Burgwall, von dem aus sich der Zusammenfluss von Havel und Nuthe überschauen ließ. Das Flüsschen Nuthe wird von einer Fußgängerbrücke überspannt, die einen Uferweg von der Langen Brücke bis zum Park Babelsberg möglich macht.

3 Die Stadtmauer

Wir biegen nun in die Große Fischerstraße ein. Auf der einen Seite ein komplett erhaltener Straßenzug aus der Zeit Friedrichs des Großen, auf der anderen Seite ein rekonstruierter Rest der Potsdamer Stadtmauer aus dem Jahr 1722. Eine wehrhafte Mauer zum Schutz der Bürger hat Potsdam nie besessen. Zu klein und unbedeutend war der Ort im unruhigen Mittelalter. Erst als Potsdam unter dem „Soldatenkönig" Friedrich Wilhelm I. Garnisonstadt war, wurde 1722 eine Befestigung rund um die Stadt gezogen. Dazu gehörten fünf Stadttore, von denen vier durch Friedrich II. umgebaut wurden, eins blieb erhalten: das Jägertor. Die Aufgabe der Mauer

5 Daily Coffee auf der Insel

Tipp: Originalzüchtungen von Karl Foerster, wie seine berühmten Rittersporne und Phloxe, kann man in der Gärtnerei in Bornstedt kaufen: Foerster-Stauden GmbH, Am Raubfang 6, Potsdam-Bornim.

Rekonstruierte Stadtmauer

Havelfischerei hinter der Stadtmauer

Fischerhof Potsdam
Di–Do 12–16
Fr 11–17
Sa 10–13 Uhr
fischerhofpotsdam.de

Das von Knobelsdorff entworfene Kommandantenhaus

bestand darin, die Soldaten am Desertieren zu hindern und die Zölle (Akzise) an den Stadttoren einzutreiben.

Hinter der Mauer hat der einzige gewerbliche Potsdamer **Havelfischer** sein Domizil. Hier gibt es – bei gutem Fang – den berühmten Havelzander.

④ Der Stadtkanal

Am Ende der Großen Fischerstraße stoßen wir auf den Stadtkanal, der an dieser Stelle wieder freigelegt ist. Von hier aus ist es nur ein kurzes Stück bis zu der Stelle, an der der Kanal von der Havel abzweigt. Ursprünglich befand sich hier das Kellertor, von dem aus die Zufahrt überwacht wurde. Der Kanal durchfloss einstmals auf einer Länge von 1840 Metern die Potsdamer Innenstadt. Neun Brücken überquerten ihn. Bereits 1889 wurden erste Abschnitte wegen schlechten Geruchs zugeschüttet, 1965 war er nicht mehr vorhanden. Eine Bürgerinitiative betreibt seit 1990 die Freilegung.

⑤ Am Berliner Tor

Geschichtsinteressierte werden auf dem folgenden Wegstück entlang der nördlichen Seite der Straße **Am Kanal** auf ihre Kosten kommen. Das gesamte Areal gehört heute dem Energieversorger e.dis, der die historische Substanz behutsam saniert hat. So erleben wir einen Kasernenkomplex, den Baumeister von Knobelsdorff für das preußische Garde du Corps entworfen hat. Das Kommandantenhaus mit den vier Schmuckurnen auf dem Dach hebt sich deutlich aus der umliegenden Bebauung heraus. Es ist eine der letzten Arbeiten des Sanssouci-Erbauers, der mit nur 54 Jahren starb.

Es folgt die Lammsche Brauerei, wo 200 Jahre lang Bier ausgeschenkt wurde. Das Ende dieser Häuserzeile bildet ein Haus aus dem

Jahr 1724, das mit einem viel prachtvolleren Gebäude von 1777 entlang der Berliner Straße eine äußerlich unsichtbare, aber im Inneren funktionierende Einheit bildet. In ersteres zog 1758 der für die Nachwelt berühmteste Vorleser Friedrichs des Großen ein. Das war Henri de Catt, der später seine Gespräche mit dem König publizierte. Nach 15 Jahren Dienst bei Hofe konnte er sich das ansehnliche Palais nebenan leisten.

Diesem Palais schließt sich eine vollkommen schmucklose ehemalige Kaserne für verheiratete Angehörige der Garnison an. Und danach folgt ein Baufragment. Es ist ein Überbleibsel des Berliner Tores, das die Stadt in Richtung Glienicker Brücke abschloss.

⑥ Posthofstraße

Die Charlottenstraße in Richtung Bergmann-Klinikum führt uns zur Posthofstraße. Ihr statten wir einen Besuch ab, weil hier die **„Schauspielerkaserne"** steht. Das Haus schloss sich ursprünglich an das Potsdamer Königliche Schauspielhaus an, das am Kanal stand und daher beim Volk „Kanaloper" hieß. König Friedrich Wilhelm II. hatte es der Potsdamer Bürgerschaft zum Geschenk gemacht. Da aber die Schauspieler und Musiker zu den Vorstellungen aus Berlin kommen mussten, wurde die „Schauspielerkaserne" gebaut, wo die Gäste nach den Vorstellungen übernachten konnten. Zum Glück hat auch das Bogenrelief an der Fassade den Krieg überstanden, für das Johann Gottfried Schadow die Entwürfe geliefert haben soll. Gezeigt werden mit dem Theater verbundene Szenen aus der antiken Mythologie.

Bogenrelief an der „Schauspielerkaserne" (Ausschnitt)

Französische Kirche
geöffnet außerhalb
der Gottesdienste:
Frühjahr – Herbst
täglich 13.30 – 17 Uhr

7 Die Französische Kirche

Die Plattenbauten rechts und links der Französischen Straße lassen nicht vermuten, dass wir uns im Französischen Quartier des alten Potsdam befinden, das 1945 den Bomben zum Opfer fiel. Seit dem Edikt von Potsdam, mit dem 1685 der Große Kurfürst Glaubensflüchtlinge einlud, in Brandenburg zu siedeln, vergrößerte sich die Zahl der Franzosen in Potsdam ständig. Sie besaßen hier eine eigene Gerichtsbarkeit, eine eigene Schule, schließlich schenkte ihnen Friedrich der Große noch eine eigene Kirche. Das war am 16. September 1753, dem Tag, an dem ihr Baumeister von Knobelsdorff starb. Sie besitzt einen ovalen Grundriss mit einer freitragenden Kuppel. 1834 erneuerte Schinkel die Innengestaltung der Kirche und sorgte für eine sichere Statik. Sie ist damit das einzige Bauwerk, an dem die beiden bedeutenden Architekten von Knobelsdorff und Schinkel tätig waren.

8 Der Bassinplatz

Einem Bassin, mit dessen Hilfe der Grundwasserstand in der Umgebung gesenkt werden sollte, verdankt der Platz seinen Namen. Aber schon vor rund 180 Jahren wurde es zugeschüttet und von Lenné in einen Park verwandelt. In einem Teil der Anlage wurde 1946 ein sowjetischer **Soldatenfriedhof** angelegt. Der Friedhof genießt einen besonderen Schutz, da sich die Bundesrepublik Deutschland zur dauernden Erhaltung verpflichtet hat.

Am Bassin 10

Große Teile des Platzes dienen wochentags als Marktplatz, auf dem unter anderem die Obstbauern des Havellandes ihre Produkte anbieten. Dominiert wird der Platz vom 60 Meter hohen Turm der katholischen **Kirche St. Peter und Paul** aus dem Jahr 1870. Im Haus Am Bassin 10 – schräg gegenüber der Kirche St. Peter und Paul – logierte im Jahr 1789 angeblich einen Monat lang Wolfgang Amadeus Mozart. Eine Tafel über der Tür erinnert daran. In der Hoffnung, seine finanzielle Situation zu verbessern, bewarb sich der Komponist um eine Anstellung in der Hofkapelle König Friedrich Wilhelms II., der begeisterter Musiker war und

Cello spielte. Der fran-
zösische Hofkapell-
meister allerdings
intrigierte mit allen
Mitteln gegen das
Genie. Schließlich ver-
ließ Mozart Potsdam,
ohne auch nur einmal
öffentlich aufgetreten
zu sein. Der König
aber gab sechs
Streichquartette in
Auftrag.

⑨ Der Platz der Einheit

An der Wilhelmgalerie vorbei gelangen wir zum
Platz der Einheit. Er ist der zentrale Platz von
Potsdam und Verkehrsknoten. Hier treffen sich
alle Tramlinien, viele Buslinien halten hier.

An der Südseite des Platzes hat in modernen
Räumen die Stadt- und Landesbibliothek ihren
Sitz, an der Ostseite steht die Hauptpost. Gleich
daneben erinnert eine Tafel daran, dass hier die
jüdische Synagoge stand, die 1938 dem Novem-
ber-Pogrom zum Opfer fiel. Die Nordseite wird
von der Wilhelmgalerie mit Läden und gastro-
nomischen Einrichtungen dominiert.

Mit der großen Rasenfläche in der Mitte des
Platzes hat es eine besondere Bewandtnis: Als
der „Soldatenkönig" Potsdams Stadtgebiet ver-
größern ließ, stießen seine Bauleute auf viel
sumpfiges Gelände. Der Platz der Einheit war
ein solch unwirtlicher Ort. Ganze Wälder von
Pfählen wurden daraufhin in den Boden
gerammt und Entwäs-
serungsgräben gezo-
gen. Aber an einigen
Stellen ließ sich die
Natur nicht bezwin-
gen. Ein Rasenfläche –
mehr war hier nicht zu
machen. Eingerahmt
wurde der Platz zur
Zeit Friedrichs des
Großen von repräsen-
tativen Gebäuden, von
denen jedoch nur noch
wenige erhalten sind.

Wochenmarkt
April bis Okt.
Mo – Fr   7–16 Uhr
Sa   7–13 Uhr
Nov. bis März
Mo – Fr   7–16 Uhr
Sa   7–12 Uhr

🔢⑧ Et cetera – Café im Bildungsforum

*Das Denkmal für den
unbekannten Deserteur
vor einer Reihe von Japa-
nischen Schnurbäumen*

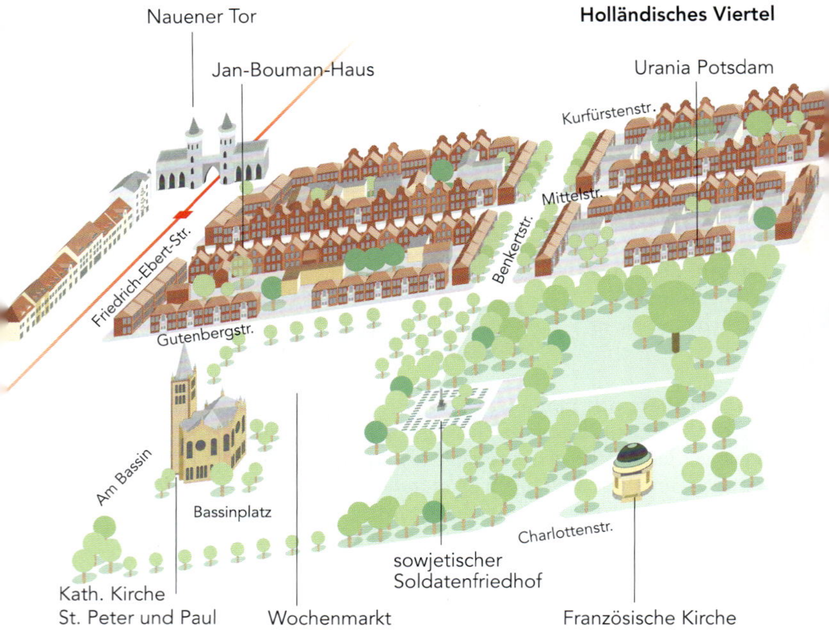
Nauener Tor
Holländisches Viertel
Jan-Bouman-Haus
Urania Potsdam
Kurfürstenstr.
Mittelstr.
Benkertstr.
Friedrich-Ebert-Str.
Gutenbergstr.
Am Bassin
Bassinplatz
Charlottenstr.
sowjetischer Soldatenfriedhof
Kath. Kirche St. Peter und Paul
Wochenmarkt
Französische Kirche

⑩ Das Holländische Viertel

Von der Benkertstraße kommend betreten wir jetzt eine der spektakulärsten Sehenswürdigkeiten Potsdams – das Holländische Viertel. 134 Häuser unterschiedlicher Größe sind zu vier Karrees zusammengefügt und bilden das größte zusammenhängende Siedlungsgebiet im holländischen Stil außerhalb der Niederlande.

Besonders markant sind die Giebelhäuser entlang der Mittelstraße, in der mancher eine

La Maison du Chocolat
Benkertstraße

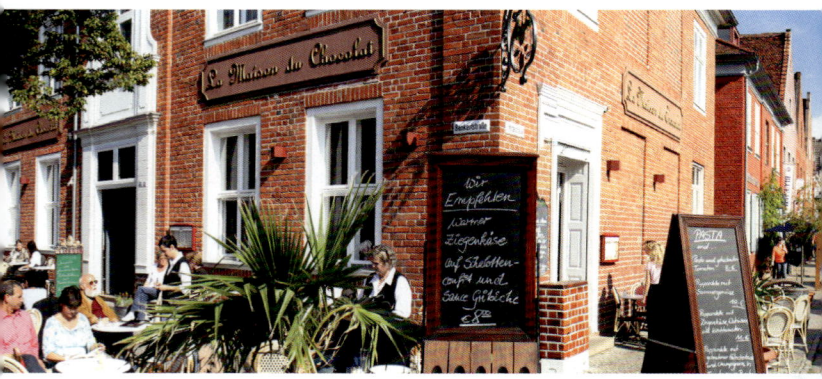

aufgereihte Kompanie von Grenadieren zu sehen glaubt. Der rhythmische Wechsel der Bauformen lässt sofort den einheitlichen Plan erkennen, nach dem dieses Viertel errichtet wurde. Es war wiederum der „Soldatenkönig", der mit diesen – für damalige Verhältnisse – komfortablen Häusern holländische Siedler nach Potsdam locken wollte. Wenn auch weniger als gehofft kamen, wurden die roten Häuser ein beliebtes Wohnquartier für Handwerker und Künstler. Kleine Geschäfte, urige Gaststätten und kaum Verkehr auf den engen Straßen sorgen für ein eigenes Flair. Einige der Häuser erlauben einen Blick in die Hinterhöfe – lassen Sie sich das nicht entgehen!

Als Museum zugänglich ist das Haus Mittelstraße 8, das nach dem Architekten des Viertels benannte **Jan-Bouman-Haus**, in dem die Baugeschichte der holländischen Häuser anschaulich dokumentiert ist.

Straßenfest im Holländischen Viertel

Wiederkehrende Feste im Holländischen Viertel
April: Tulpenfest
September: Töpfermarkt
Dezember: Weihnachtsmarkt mit Sinterklaas

9 La maison du chocolat

35 Café Guam

Jan-Bouman-Haus
Mittelstraße 8
Mo–Fr 13–18 Uhr,
Sa, So und feiertags
11–18 Uhr

92, 96
Krongut-Linie
Tropen-Linie
Halt: *Nauener Tor*

 **Zana´s**

 **Pane e vino**

Nauener Tor

11 Das Nauener Tor

Am Ende der Mittelstraße gelangen Sie auf die Friedrich-Ebert-Straße. Inzwischen verkehrsberuhigt, aber voller Leben, bildet sie eine wichtige Nord-Süd-Achse durch die Potsdamer Innenstadt. Wie eine graue Trutzburg steht das Nauener Tor mitten auf der Straße. Nur Straßenbahnen und Busse dürfen es durchfahren.

Das Tor entstand 1755 nach Plänen Friedrichs II., als die Rückbesinnung auf mittelalterliche Gotik in England gerade zur Mode wurde. In den Sommermonaten sind die Flächen vor dem Tor ein einziges Freiluftrestaurant. Traditionsreichstes Unternehmen am Platz ist das Café Heider, einst Hofkonditorei Rabien. Hier trifft sich Potsdam, um zu sehen und gesehen zu werden.

Lassen Sie das Nauener Tor hinter sich und folgen Sie der Friedrich-Ebert-Straße bis zur **Gutenbergstraße**.

12 Das Viertel der gelben Giebelhäuser

Da stehen sie, die einfach erbauten Giebelhäuser in ihrer schlichten Schönheit mit dem gelben Putz über der Fachwerkkonstruktion. Nach einheitlichem Plan entstanden sie ab 1733. In den Bürgerhäusern waren u.a. die berühmten „Langen Kerls" untergebracht. Ursprünglich glich in den Straßenzügen der

Die Langen Kerls

Sieht so ein normaler Thronwechsel aus? Der alte König ist eben gestorben, da marschiert der Nachfolger an der Spitze von 500 Soldaten in die Residenz Potsdam ein. Was dann folgt, ist die Einführung eines neuen Regimes: Der korrupte Hofstaat wird auseinandergejagt und ein Staat aus treuen Beamten geschaffen, aus Verschwendungssucht wird strengste Sparsamkeit. Das Militär darf sich der vollen Aufmerksamkeit des Königs sicher sein. König Friedrich Wilhelm I. erwirbt sich bald den Zusatz „Soldatenkönig".

Das allerhöchste Wohlwollen des Königs gehörte seiner Riesengarde, den „Langen Kerls". Aus ganz Europa ließ er sie kommen, die Hauptsache, sie waren mindestens 1,88 Meter groß. Zusammen mit einer hohen roten Grenadiermütze erreichte so mancher zweieinhalb Meter – eine furchterregende Höhe.

In den Krieg mussten sie nur einmal ziehen, 1715 gegen die Schweden. Bedeutsamer war ihre Rolle als Mustertruppe des Heeres. Neue Waffen und Ausrüstungen sowie neue Exerzier-Reglements wurden mit und an ihnen erprobt. Nicht selten war der König selbst auf dem Exerzierplatz (er hatte Teile des Lustgartens zum Truppenübungsplatz umfunktioniert) anzutreffen. Seine Peitsche war bei den Rekruten gefürchtet. Kein Wunder, dass Potsdam eine gut bewachte Stadtmauer besaß: Sie hatte neben der Zollerhebung auch die Funktion, Soldaten vom Desertieren abzuhalten.

Mit den „Langen Kerls" begann Potsdam, rasant zu wachsen. Kasernen waren damals noch nicht „erfunden". Also wurden Militärangehörige – wenn sie keinen eigenen Hausstand hatten – bei Bürgern einquartiert. Meist waren es drei pro Haushalt, eine schwere Belastung für die Bürger. Und dennoch: Es wurde gebaut, die Stadt dehnte sich aus, das Handwerk blühte, Manufakturen siedelten sich an. Als Zeichen für den eigenen Erfolg ließ der König ein Quartier im holländischen Stil erbauen – denn dies war das Land, dem er zeitlebens nacheiferte.

🍴**16** Salz & Pfeffer

🍴**23** Soup Bistro

🍴**24** Backstoltz

🍴**30** Restaurant
Café Loft

🍴**32** Belmundo kauf-
und essbar

„zweiten barocken Stadterweiterung" ein Haus dem anderen. Im Laufe der Jahrhunderte haben sich aber immer neue Gebäude hineingedrängt und ein wahres Sammelsurium der Baustile entstehen lassen.

Viele der Häuser wurden in den letzten Jahren erneuert und bieten Platz für Unternehmensgründer mit den verschiedensten Geschäftsideen. Auch hier lohnt sich der Blick in die kleinen Läden und die Hinterhöfe. Die Jägerstraße führt noch einmal kurz an die Grenze dieser historischen Innenstadt.

🔴 **13** Die Hegelallee

Der Blick nach rechts zeigt: Die Tour führt wieder in die Nähe des Nauener Tores. Wenn dieses Tor ein Teil der Potsdamer Stadtbefestigung war, dann muss es hier auch eine Stadtmauer gegeben haben. Tatsächlich ist ihr Verlauf in westlicher Richtung noch sehr gut erkennbar: Es ist die Mittelpromenade entlang der Hegelallee.

An der nächsten Straßenmündung ist bereits ein weiteres Stadttor erreicht, das **Jägertor**. Es entstand mit den ersten Giebelhäusern 1733 und wurde als einziges Stadttor unter Friedrich II. nicht erneuert. Hier hindurch führte der Weg königlicher Jagdgesellschaften in die Wälder nördlich von Potsdam. Später waren es die Soldaten der Potsdamer Garnison, die zu den Manöverplätzen ins Bornstedter Feld zogen.

Das Jägertor

In der Jägerstraße

🔴 Die Potsdamer Giebelhäuser

König Friedrich Wilhelm I. soll 1733 selbst das Terrain abgesteckt haben, auf dem bis 1740 lange Reihen von immer gleichen Giebelhäusern entstanden. Die ursprünglich 450 „Typenhäuser" waren meist fünfachsig (d.h. fünf Fenster in der mittleren Etage) und verfügten über acht Zimmer, zwei Küchen und zwei Kammern, dazu eine Stube unter dem Giebel und einen sehr kleinen Keller. Die Toiletten waren ursprünglich auf dem Hof. Das Museumshaus „Im Güldenen Arm", Hermann-Elflein-Str. 3, ist in seiner ursprünglichen Form bewahrt. Es ist in den Sommermonaten für Ausstellungen geöffnet.

⑭ Die Lindenstraße

Von Linden gesäumt, ohne viel Verkehr und mit zahlreichen der historischen Giebelhäuser hat die Lindenstraße viel von ihrer Ursprünglichkeit bewahrt. Sie präsentiert sich beschaulich. Die Cafés stellen bei schönem Wetter die Tische vor die Tür, ebenso die Antiquitätenhändler ihre Auslagen – hier spielt sich viel Leben auf der Straße ab. Weniger romantisch ist die Geschichte des Kommandantenhauses, eines großen, roten Ziegelbaus im holländischen Stil. Ursprünglich für den Kommandanten des königlichen Leibregiments errichtet, diente es lange Zeit als Gefängnis. Vor allem politische Gefangene wurden hier eingesperrt. Eine Gedenkstätte erinnert heute an diese Zeit.

⑮ Die Brandenburger Straße

Die Straße ist Potsdams Flaniermeile schlechthin. Ein Geschäft reiht sich ans andere, auch Potsdams größtes Kaufhaus findet sich hier. Kein Auto stört beim Shoppen.

Gedenkstätte für die Opfer politischer Gewalt im 20. Jahrhundert
Lindenstraße 54/55
März–Okt.
Di–So 10–18 Uhr
Nov.–Febr.
Di–So 10–17 Uhr

`Tram` **91, 94, 98**
Halt: *Luisenplatz-Süd/ Park Sanssouci*
`BUS` **X15, 695**
Schlösser-Linie
`BUS` **605, 606**
Charlottenhof-Linie
Halt: *Luisenplatz-Süd/ Park Sanssouci*

Auf Potsdams Bummelboulevard

Ins Pflaster eingelassenes Stadtwappen am Anfang der Brandenburger Straße

TOURIST INFORMATION

Tourist Information
Am Luisenplatz 3
Ecke Allee nach
Sanssouci

Information und
Vermittlung von:
Unterkünften, Tickets
Rundgängen/Rund-
fahrten und Souvenirs

Telefonisches
Service Center:
(0331) 27 55 88 99
potsdamtourismus.de

Vielfach setzt sich die Ladenstraße in den Hinterhöfen fort. Das Haus Brandenburger Straße 5/6 ist der Zugang zum Luisenforum mit Buchläden, Souvenirshops und anderen Geschäften. Hier steht auch noch der letzte Industrieschornstein der Innenstadt, er gehörte zu einer Seifenfabrik.

Unübersehbar am Ende der Brandenburger Straße steht das **Brandenburger Tor.** Hier öffnet sich die Straße zu einem Platz, in dessen Mitte das Potsdamer Stadtwappen ins Pflaster eingelassen ist. In den historischen Gebäuden rundherum befinden sich Cafés und Restaurants sowie am Anfang der Allee nach Sanssouci die Potsdamer Tourist Information.

Das Potsdamer Brandenburger Tor ist rund 30 Jahre älter als sein berühmter Namensvetter in Berlin. Als Erinnerung an die Siege im Siebenjährigen Krieg ließ Friedrich II. das Tor 1770 als römischen Triumphbogen errichten. Zwei hervorragende Baumeister (C. v. Gontard und G. C. Unger) waren daran beteiligt. Der eine gestaltete es zur Stadtseite hin ganz schlicht, wie auch die Häuser des angrenzenden Viertels; der andere schuf eine prunkvolle Fassade auf der dem Park Sanssouci zugewandten Seite.

16 Der Luisenplatz

Gehen Sie durch das Brandenburger Tor, überqueren Sie die Straße – und Sie stehen auf dem
Luisenplatz. Die 17-jährige mecklenburgische
Prinzessin Luise – die später berühmt gewor-
dene Königin Luise – wurde auf dem heutigen
Luisenplatz von ihrem künftigen Gemahl, Kronprinz Friedrich Wilhelm, und den Honoratioren
der Stadt und vielen Schaulustigen als Braut
begrüßt.

Unter der Fontäne befindet sich seit einigen
Jahren eine Tiefgarage. Das auffälligste Gebäude am Platz, der rote Backsteinbau mit Zinnen

17 Eismanufaktur

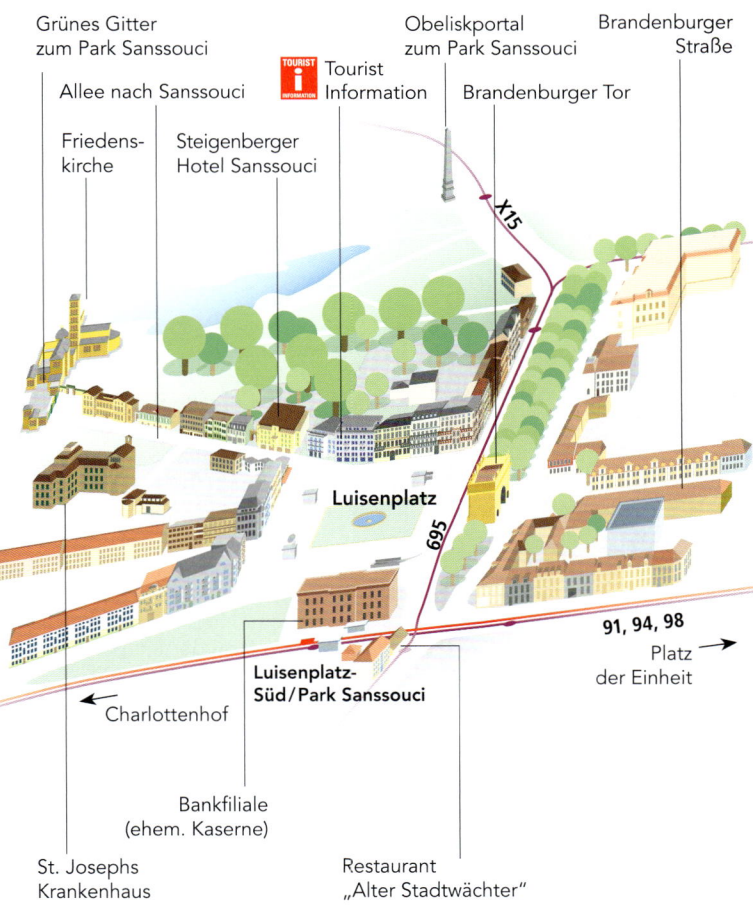

Grünes Gitter
zum Park Sanssouci

Obeliskportal
zum Park Sanssouci

Brandenburger
Straße

Allee nach Sanssouci

Tourist
Information

Brandenburger Tor

Friedens-
kirche

Steigenberger
Hotel Sanssouci

X15

Luisenplatz

695

91, 94, 98

Platz
der Einheit

Charlottenhof

Luisenplatz-
Süd / Park Sanssouci

Bankfiliale
(ehem. Kaserne)

St. Josephs
Krankenhaus

Restaurant
„Alter Stadtwächter"

Der Luisenplatz mit dem Brandenburger Tor

Tipp: An der Potsdam Information beginnen von April bis Oktober täglich um 15 Uhr Rundgänge durch die Altstadt.

auf dem Dach – jetzt von einer Bank genutzt – war ursprünglich eine Kaserne für eines der königlichen Leibregimenter. Am anderen Ende des Luisenplatzes, an der Ecke des „Wiener Cafés", beginnt die Allee nach Sanssouci. Es sind nur noch wenige Schritte bis zum berühmtesten der Potsdamer Parks.

⊙ Wer war Luise?

Luise war zu Beginn des 19. Jahrhunderts für die Preußen die „Königin der Herzen". Sie war eine schöne Frau, Mutter von zehn Kindern, Gemahlin und Beraterin von König Friedrich Wilhelm III. und Patriotin. Der bürgerliche Lebensstil des Königspaares prägte das Ideal dieser Zeit. Als sich ihr Land in höchster Not befand, trat sie mutig Napoleon gegenüber und bemühte sich um einen für Preußen günstigen Friedensschluss. Bis heute ranken sich Geschichten und Legenden um diese Regentin, die nur 34 Jahre alt wurde.

Fotos rechts: Belvedere auf dem Pfingstberg, Schloss Cecilienhof, Marmorpalais

Nördlich der Potsdamer Innenstadt erstreckt sich eine Parkland-schaft mit sehr unterschiedlichen Gesichtern.

Tour 5 Lernen Sie den romantischen Neuen Garten mit dem Marmorpalais und dem Schloss Cecilienhof kennen.

Tour 6 Erleben Sie Teile der Potsdamer Kulturlandschaft zwischen dem Neuen Garten und dem Park Glienicke.
Extra: Entlang der Havel zur Pfaueninsel.

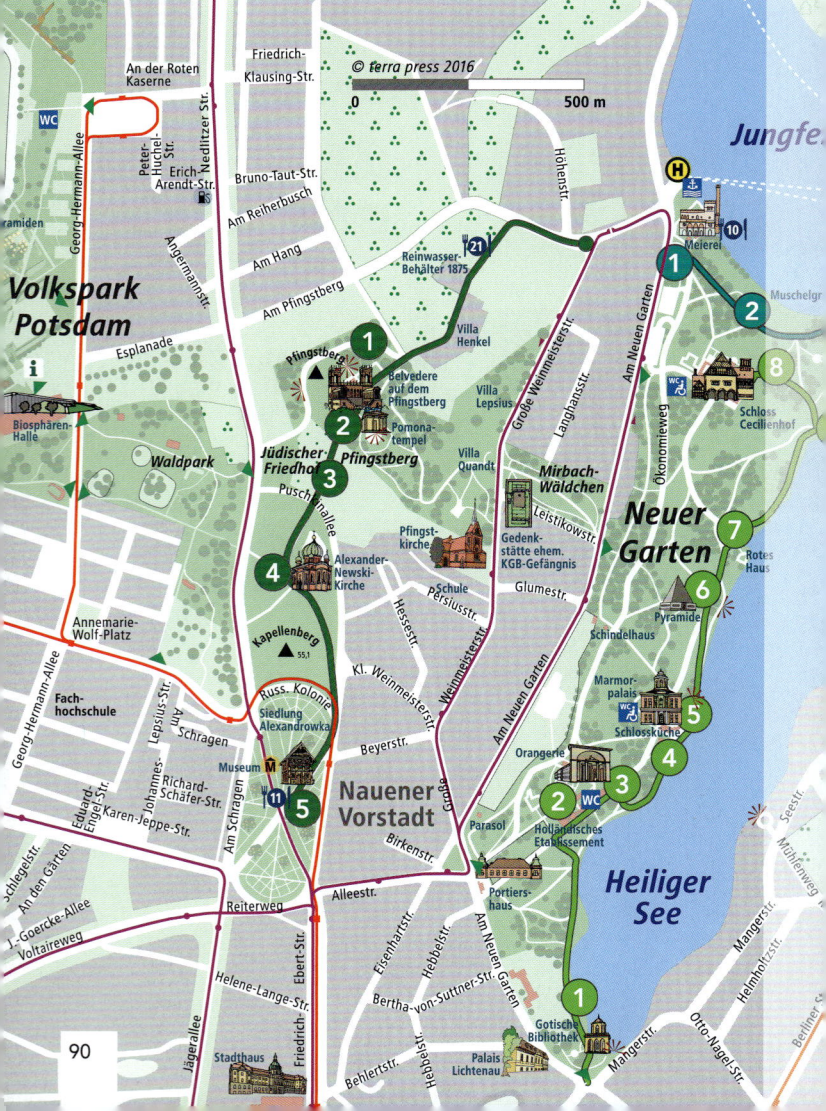

Tour 7 lädt zum Klettern auf Potsdams höchste Aussicht ein – dem Pfingstberg mit seinem Belvedere. Als Belohnung wartet ein weiter Blick – an schönen Tagen bis in die Berliner City. Am Ende des Weges befindet sich eine russische Siedlung mit einem stilechten Restaurant.
Extra: Der Potsdamer Volkspark und die Biosphäre Potsdam.

Tour 5: Durch den Neuen Garten

🕐 ca. 1 Stunde

92, 96
Krongut-Linie
Tropen-Linie
Halt: *Reiterweg/Allee-*
straße; 5 Min. Fußweg
oder Umsteigen in:
🚍 **603**
Cecilienhof-Linie

oben: Park-Eingang,
Pyramide im Neuen Garten
unten: Götterstatue an der
Orangerie

Der Neue Garten

Es kommt vor, dass Erben manches von dem, was ihnen vermacht wird, partout nicht haben wollen. So ging es auch dem preußischen König Friedrich Wilhelm II., dem Neffen und Nachfolger Friedrichs II. Sanssouci entsprach nach 50 Jahren einfach nicht mehr der gängigen Mode. Inzwischen war modern, stärker an der Natur zu leben. Ganz in diesem Sinne erwarb der künftige König bereits als Kronprinz Grundstücke am **Heiligen See**, um sich ein eigenes Refugium zu schaffen.

Zwischen 1786 und 1791 entstand dort, wo bisher Wein angebaut wurde, ein **Landschafts-park** nach englischem Vorbild: nichts Gekünsteltes, pralle Natur, bewegte Linien. Hineingefügt wurden kleine Architekturen, künstliche Ruinen, Grotten, Einsiedeleien; auch die alten Winzerhäuser wurden in die Parkgestaltung einbezogen. Der Park war mit einer hohen Mauer umgeben, die dem König ungebetene Besucher vom Leibe hielt.

Der Neue Garten, wie wir ihn heute sehen, ist ein Werk des großen Gartenkünstlers **Peter Joseph Lenné**, der in den dreißiger Jahren des 19. Jahrhunderts den damals zugewucherten Park ausdünnte, das Wegesystem neu ordnete und Sichtbeziehungen in die nähere und weitere Umgebung schuf.

1 Die Gotische Bibliothek

An der Südspitze des Heiligen Sees steht ein Gartenpavillon im neogotischen Stil, die Gotische Bibliothek. Das zweigeschossige Gebäude aus dem Jahr 1792 besitzt eine Aussichtsplattform mit einem faszinierenden Blick über den See. In ihrem Inneren befanden sich über einhundert Jahre lang etwa eintausend Bücher.

Gotische Bibliothek

2 Das Holländische Etablissement

Nun führt ein Weg am Ufer des Heiligen Sees zu Gebäuden im holländischen Stil. Vier Kavaliershäuser, ein Pferdestall, eine Remise für die Kutschen und ein Damenhaus – alle aus rotem Ziegel mit holländischen Giebeln, ein weiterer Beleg für die traditionelle Verbindung der Hohenzollern mit Holland. Das **Kavaliershaus** mit dem fantasievollen Vorbeet wurde zu Zeiten von König Friedrich Wilhelm II. Damenhaus genannt. Wie es hieß, präparierten sich in dem hübschen holländischen Haus die Favoritinnen der Nacht für ihren Auftritt beim König. Die Amouren des „dicken Wilhelm", wie die Potsdamer ihren Regenten nannten, waren Stadtgespräch.

Kavaliershaus

3 Die Orangerie

Gegenüber dem Kavaliershaus steht ein langgestrecktes Gebäude mit einer ägyptisch anmutenden Schaufassade. Vier Säulen tragen eine Sphinx, und neben der Pforte stehen zwei schwarze Götterstatuen. Hinter den hohen Fenstern befindet sich die Orangerie, in der empfindliche Pflanzen den Winter überstehen. Der reich dekorierte Konzertsaal im Mittelteil – der Palmensaal – wird auch heute noch genutzt. König Friedrich Wilhelm II. war ein durchaus begabter Cellist und gab hier selbst Konzerte. Immerhin komponierte Mozart bei seinem Besuch in Potsdam einen Cello-Part in das 1. Preußische Quartett in D-Dur, von dem es heißt, der König habe es uraufgeführt. Vor der Orangerie befindet sich ein sehenswerter Blumen- und Staudengarten.

Orangerie

Die Schlossküche

4 Die Schlossküche

Der Weg führt nun an das Ufer des Heiligen Sees. In der Ferne ist die Gotische Bibliothek zu sehen. Auf der anderen Seite des Wassers stehen die schlossähnlichen Villen der Berliner Vorstadt. Ganz nahe und scheinbar ins Wasser hineingebaut, erhebt sich das Marmorpalais, die Sommerresidenz Friedrich Wilhelms II. Der Weg dorthin führt an korinthischen Säulen vorbei, die gleichsam im Boden versinken. Es ist die Schlossküche. Ein unterirdischer Gang führte hinüber zum Marmorpalais. Die beiden benachbarten Gebäude symbolisieren die untergegangene Welt der Antike und ihre Wiederbelebung im Klassizismus.

Holländisches Etablissement

Palmensaal

Orangerie

Schloss Cecilienhof

Obelisk

Marmorpalais

Heiliger See

Kavaliershaus

Schlossküche

Gärtnerisches Kunstwerk

5 Das Marmorpalais

Wenige Stufen führen hinauf zu einer Plattform vor dem Marmorpalais. Das Schloss ragt mit seiner Terrasse in den Heiligen See hinein. Von hier aus bieten sich herrliche Ausblicke. Zu Lebzeiten Friedrich Wilhelms II. war das Schloss ein relativ kleiner würfelförmiger Bau. Später wurden seitliche Anbauten hinzugefügt.

Deren Fertigstellung erlebte der König allerdings nicht mehr. Vom Aussichtstempel auf
dem Dach des Marmorpalais kann man bis zur
Pfaueninsel sehen.

Das Schloss wurde 1787 innerhalb von
drei Jahren im strengen frühklassizistischen
Stil errichtet. Entworfen wurde es von **Carl von
Gontard**, der bereits am Bau des Neuen Palais
im Park Sanssouci beteiligt war. Es ist das
Wechselspiel von unverputztem Backstein und
edlem Marmor, das die besondere Wirkung des
Baus ausmacht. Marmor war für den Bau
zunächst genug vorhanden, denn Friedrich II.
hatte für seine Schlösser mehr als nötig ankau-
fen lassen. Als später für die Anbauten erneut
Marmor benötigt wurde, gab der König die
Einwilligung zum Abriss einer wertvollen
Kolonnade im Park Sanssouci.

Die Innengestaltung des Schlosses war
einem Architekten anvertraut, der als Schöp-
fer des Brandenburger Tores in Berlin weltbe-
kannt ist, **C. G. Langhans**. Das Marmorpalais
diente nach dem Tod Friedrich Wilhelms II.
immer wieder als Wohnschloss für Mitglieder
des Hauses Hohenzollern. Der ursprüngliche
Charakter der Innenausstattung ist bis heute
bewahrt.

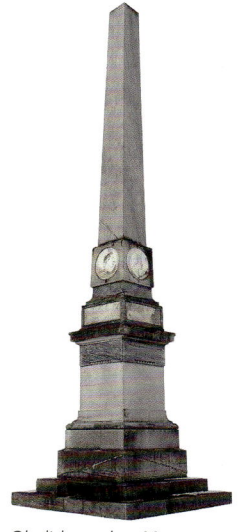

*Obelisk vor dem Marmor-
palais*

Marmorpalais 🏃
Mai bis Okt.
Di – So 10 – 18 Uhr
Nov. bis März
Sa, So, feiertags
10 – 16 Uhr
April Sa, So, feiertags
10 – 18 Uhr

Auf der anderen Seite
des Heiligen Sees
befindet sich die Berli-
ner Vorstadt, Potsdams
nobelste Wohnadresse.
In den Villen am See
residieren Promis wie
Wolfgang Joop (Mode-
designer) und Günther
Jauch (Entertainer).

Gedenk- und Begegnungsstätte Leistikow-straße
Di–So 14–18 Uhr
Führungen
nach Voranmeldung

Über dem Eingang zur Pyramide sind geheimnisvolle Freimaurer-Zeichen angebracht.

Das Rote Haus am Seeufer

1945 fiel das Schloss mitsamt dem Park und dem benachbarten Villenviertel („Verbotene Stadt") unter sowjetische Verwaltung. 1961 übernahm die DDR das Marmorpalais und funktionierte es zum Armeemuseum um. Damals war es von Kanonen, einem Flugzeug, einem Schnellboot und anderem Kriegsgerät umgeben. Ende der 1980er Jahre kam das Aus für dieses Museum.

Nach der schrittweisen Restaurierung, begonnen 1997, ist das Marmorpalais einschließlich der später angebauten Seitenflügel wieder vollständig zugänglich. Das imposante Treppenhaus in der Mitte des Baus – es erhält sein Licht über das Belvedere auf dem Dach –, der **Grottensaal** im Erdgeschoss, der **Musiksaal** darüber sowie die Wohnräume des Königs sind nun wieder zu besichtigen. Die übrigen Räume des Schlosses sind erstaunlich klein. Bemerkenswert ist das „Orientalische Kabinett", ausgestattet mit Diwan und gerafften Zeltplanen.

6 Die Pyramide

Auf einer Wiese, nicht weit vom Marmorpalais entfernt, steht eine kleine Pyramide. Malerisch, romantisch im Äußeren, profan im Inneren: Sie diente als Eiskeller. Hier wurden in fünf Metern Tiefe Eisblöcke, die im Winter aus dem Heiligen See entnommen wurden, bis in den Sommer hinein gelagert.

7 Das Rote und das Grüne Haus

Weiter geht es am Seeufer entlang. Eine kleine Steigung führt auf den „**Kaninchenberg**". Von hier sind die Turmspitzen des Babelsberger Schlosses zu erkennen. Das **Rote Haus** am Seeufer vervollständigt den Eindruck einer ländlichen Idylle. Es war, bevor der Neue Garten angelegt wurde, ein Winzerhaus.

Nun folgt das **Grüne Haus**, ebenfalls ein Überbleibsel aus einer Zeit, als hier noch Landwirtschaft betrieben wurde. Eine Sichtachse verläuft über den See hinweg zur Kuppel der Nikolaikirche in der Potsdamer Innenstadt.

Das Nordufer des Heiligen Sees ist bei den Potsdamern als Badeplatz sehr beliebt, zumal der See ein erstaunlich sauberes Wasser hat.

Die großen Drei – das Potsdamer Abkommen

Generalleutnant Antipenko, Chef der Rückwärtigen Dienste der 1. Belorussischen Front, fragt sich, ob das Ende des Krieges für ihn weniger Schwierigkeiten gebracht hat als die Verpflegung zehntausender Soldaten unter Kampfbedingungen. Auf keinen Fall, denn nun muss er sich um das allgemeine Wohl von drei Männern kümmern. Sie benötigen eine angemessene Unterkunft für sich und ihre umfangreiche Begleitung, einen repräsentativen und zugleich praktischen Konferenzort und einen großen Tisch für ihre Zusammenkünfte. Antipenko ist froh, gleich hinter der Berliner Stadtgrenze, in Potsdam, etwas Geeignetes gefunden zu haben: Schloss Cecilienhof und die Villenkolonie Neubabelsberg. Nur einen ausreichend großen Tisch kann er nirgends finden. Er schickt eine Eilmeldung nach Moskau. Tischler der Möbelwerke „Lux" zaubern in nur wenigen Tagen das begehrte Stück herbei.

Die drei umsorgten Männer sind die mächtigsten der Welt. Der eine ist der Präsident der Vereinigten Staaten von Amerika, Harry S. Truman, der andere der britische Premierminister Winston Churchill und der dritte sein eigener Oberbefehlshaber, Partei- und Regierungschef Josef W. Stalin. Als Verbündete in der zweiten Phase des Zweiten Weltkrieges hatten sie sich bereits in Teheran und Jalta getroffen (die USA wurden damals noch durch Präsident Roosevelt vertreten), und nun sollte das besiegte Berlin der Ort eines weiteren Gipfeltreffens sein. Nachdem der Krieg in Europa beendet war, galt es, viele Einzelheiten für die Nachkriegsordnung zu regeln. Zwei Wochen wurden dafür anberaumt. Während dieser Zeit musste Churchill eine Wahlniederlage hinnehmen und seinen Stuhl in Potsdam für den Nachfolger Clement R. Attlee räumen.

Viele Passagen des „Potsdamer Abkommens" wurden später ganz unterschiedlich ausgelegt, über vieles wurde gänzlich der Schleier der Geschichte gelegt. Der beginnende Kalte Krieg machte aus den einstigen Alliierten Gegner. Die Potsdamer Villa, in der der amerikanische Präsident residierte und die daher „Little White House" genannt wurde, war im Übrigen auch der Ort, an dem Präsident Truman die Nachricht vom erfolgreichen Atombombentest in den USA entgegennahm und den Abwurf der Bombe auf japanische Städte befahl.

Die Familienwappen des Kronprinzenpaares über dem Schlosseingang

BUS 603
Cecilienhof-Linie
Halt: *Schloss Cecilienhof*

Schloss Cecilienhof

**Dauerausstellung
Potsd. Abkommen**
April bis Okt.
Di – So 10 – 18 Uhr
Nov. bis März
Di – So 10 – 17 Uhr

Innenhof mit Stern

8 Das Schloss Cecilienhof

Wie alle Schlösser in der Potsdamer Landschaft ist auch Cecilienhof ein in Stein geformter Traum. Und auch er handelt von einem Leben mit der Natur. Das Schloss fügt sich ideal in die Landschaft des Neuen Gartens ein. Seine reich gegliederte Fachwerkfassade öffnet sich auf verschiedene Weise zum Park: über Blumengärten, Wiesen und Terrassen. Im Stil eines englischen Landhauses erbaut, weiß es seine tatsächliche Größe geschickt zu verbergen. 180 Räume gruppieren sich um fünf Innenhöfe. Die Ausstattung war luxuriös und – als erstes Schloss in Potsdam – für einen ganzjährigen Aufenthalt bestimmt. Cecilienhof überrascht mit immer neuen Details. Dazu gehören auch die 55 Schornsteine, von denen keiner dem anderen gleicht. Ein Rundgang um das Schloss lässt noch mehr entdecken.

Gebaut wurde Schloss Cecilienhof in den Jahren von 1913 bis 1917, also bis in den Ersten Weltkrieg hinein. Kaiser Wilhelm II. ließ das Schloss für seinen erstgeborenen Sohn, den Kronprinzen Wilhelm, und dessen Gemahlin Cecilie (daher der Name des Schlosses) errichten. In Potsdam fragte man sich, warum zu den 13 funktionsfähigen Schlössern noch ein weiteres hinzukommen musste. Ein Jahr nach Fertigstellung brach die Monarchie in Deutschland zusammen, der Kaiser floh nach Holland. Sein Sohn durfte 1923 nach Potsdam zurückkehren und erhielt in dem inzwischen vom Staat enteigneten Schloss ein Wohnrecht auf Lebenszeit.

Am Ende des Zweiten Weltkrieges floh der Ex-Kronprinz mit seiner Familie vor der herannahenden Roten Armee. Drei Monate später wehte über dem Schloss die Flagge der Sowjetunion, wurde im Eingangshof ein roter Stern aus Blumen gepflanzt und zogen Putzkolonnen durch die Räume, um sie für die Staats- und Regierungschefs der Siegermächte herzurichten. Schloss Cecilienhof war zum Ort der Weltpolitik geworden. Mit dem hier abgeschlossenen **Potsdamer Abkommen** wurde u.a. das Nachkriegsschicksal Deutschlands besiegelt. Der Verhandlungssaal mit dem großen runden Tisch sowie die Arbeitsräume der drei Delegationen sind im Originalzustand zu besichtigen.

Das Schloss Cecilienhof ist groß genug, um heute gleichzeitig als Nobel-Hotel, Dauerausstellung über das Potsdamer Abkommen und Museum für die kronprinzlichen Privatgemächer zu dienen. Die in den früheren Wohn- und Schlafzimmern des Kronprinzenpaares ausgestellten Fotos zeigen einen selbstbewussten jungen Mann und eine bildhübsche junge Frau. Im Laufe der Jahre hatte Cecilie jedoch immer häufiger Grund, sich über die Eskapaden ihres Gatten zu beklagen. Nach der Flucht aus Potsdam gingen sie getrennte Wege.

Der Konferenzsaal im Schloss Cecilienhof

Privaträume des Kronprinzenpaares
Führungen außer Mo um 10, 12, 14, 16 Uhr

Schloss Cecilienhof

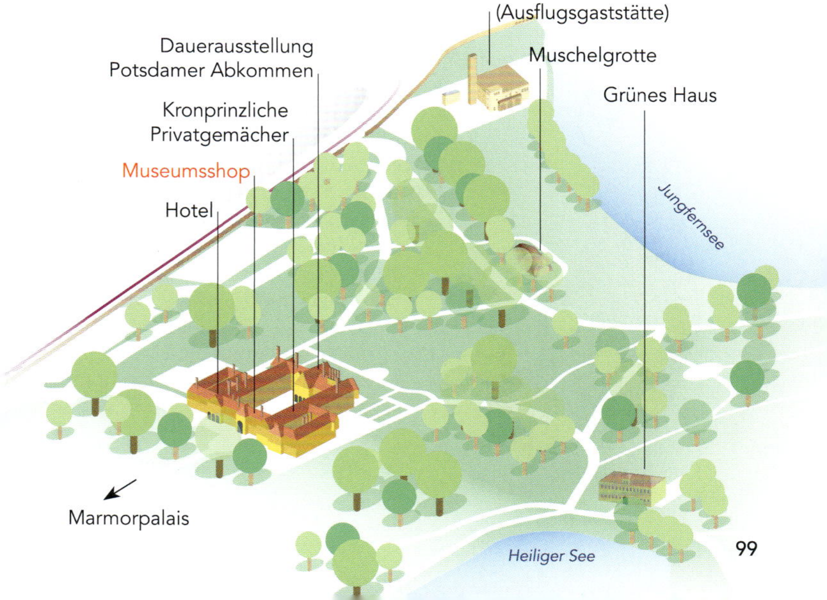

Meierei (Ausflugsgaststätte)

Muschelgrotte

Grünes Haus

Dauerausstellung Potsdamer Abkommen

Kronprinzliche Privatgemächer

Museumsshop

Hotel

Jungfernsee

Marmorpalais

Heiliger See

Die Garnisonstadt Potsdam

Als die „Langen Kerls" im Sommer 1713 in die Stadt einmarschieren, beginnt für Potsdam eine über 280-jährige Zeit als Soldatenstadt. Sie wird zum Standort wichtiger Gardeformationen der preußischen Armee. Von hier gehen die entscheidenden Impulse für die militärische Entwicklung im Land aus. Mehrfach ist Potsdam jedoch auch von fremden Truppen besetzt: im Siebenjährigen Krieg 1760 für wenige Tage, ab 1806 durch Napoleon für einige Jahre und von 1945 bis 1993 als wichtiger Standort der Sowjetarmee.

Während es anfangs noch üblich war, Soldaten in Privathäusern einzuquartieren, wuchsen vor allem im 19. Jahrhundert die großen Kasernenkomplexe wie Pilze aus dem Boden – gerade im Potsdamer Nordosten. Neben Unterkünften gehörten dazu auch Ställe, Reithallen und Kasinos. Einige dieser Bauten haben inzwischen ein modernes Innenleben erhalten u.a. als Theater, Büros und Hightech-Center. Zum Soldatenalltag gehörten vor allem die Exerzierplätze. In Potsdam befanden sie sich ursprünglich in unmittelbarer Nähe der Schlösser. Militärische Übungsplätze waren weiter außerhalb – zum Beispiel im Bornstedter Feld. Er ist heute ein moderner Volkspark, gestaltet vor allem für die aktive Erholung (siehe S.115).

In den Garderegimentern fanden sich häufig jene Typen, die in der ganzen Welt als „preußische Leutnants" belächelt wurden: dümmlich, arrogant und meist von Adel. Deren siegreichste Schlachten fanden vor allem auf dem Tanzparkett statt.

In einem Uniformgeschäft im Holländischen Viertel Potsdams nahm die Geschichte des „Hauptmanns von Köpenick" ihren Anfang, die die Allmacht des Militärs in Preußen weithin der Lächerlichkeit preisgab. Der arbeitslose Schuster Voigt besorgte sich hier einen Uniformmantel und fuhr nach Berlin. Als angeblicher Hauptmann scharrte er ein paar Soldaten um sich und fuhr mit ihnen nach Köpenick, um sich dort vom Bürgermeister die Stadtschatulle aushändigen zu lassen. Und er bekam sie. Der Militärmantel machte es möglich. Über Preußens Blamage lacht man noch heute.

Aus der satirischen Zeitschrift
„Simplizissimus"

Tour 6: Entlang der Havel nach Glienicke

① Die Meierei

Als der Neue Garten angelegt wurde, beließ man ein Areal am nördlichen Ende in havelländischer Unberührtheit. Hier weideten die Kühe, deren Milch in der königlichen Meierei verarbeitet wurde. Gelegentlich kam der Monarch in diese Idylle, um einen Becher frische Milch zu trinken. Rund 50 Jahre später entstand hier ein Pumphaus für die Wasserversorgung der Parkanlagen, mit dem Äußeren einer normannischen Burg. Später änderte sich die Bestimmung des Gebäudes noch einmal. Es wurde zur beliebten Ausflugsgaststätte. In den Jahren der Berliner Mauer befand sich die Meierei – so wurde der Bau nach wie vor genannt – im Grenzstreifen und war für keinen Gast zugänglich. Vollständig restauriert, ist sie wieder ein beliebtes Ausflugsziel. Sie hat sogar eine eigene Brauerei. Von der Terrasse aus hat man einen unvergesslichen Blick über die Seenlandschaft.

② Die Muschelgrotte

An der Meierei beginnt ein Uferweg, der sich am Jungfernsee entlangschlängelt und immer wieder zu herrlichen Ausblicken einlädt. Zwischen 1961 und 1989 war die Sicht auf den See durch einen hohen Gitterzaun versperrt.

🕐 ca. 1 Stunde

🚌 **603**
Cecilienhof-Linie
Halt: *Höhenstr.*

Im Sudhaus der Alten Meierei

🍴🔟 Meierei-Brauhaus

Fotos oben:
Glienicker Brücke,
Meierei im Neuen Garten

Muschelgrotte

Sichtachsen:
*Sichtbeziehungen
zwischen markanten
Punkten in der Land-
schaft ergeben das von
P. J. Lenné geschaffene,
einzigartige Potsdamer
Parkpanorama.*

Immerhin, die Erbauer der Berliner Mauer
hatten hier darauf verzichtet, die berüchtigten
Betonplatten zu montieren.

Der Uferweg führt vorbei an einer künstlichen Grotte, dort, wo der Blick über den See
am schönsten ist. Sie diente König Friedrich
Wilhelm II. als Rastplatz für gesellige Stunden.
Drei Räume befanden sich in dieser **Muschelgrotte**, die mit wertvollsten Materialien ausgestattet war. Sie wird zur Zeit restauriert.

❸ Die Einsiedelei

Der Uferweg ist am Quapphorn angelangt. Der
Blick geht über den Jungfernsee zum Königs-
wald. Der mit Eichenborke verkleidete Pavillon
war eine der typischen Kleinarchitekturen des
Neuen Gartens. Durch Grenzsoldaten abgerissen, wurde die „Einsiedelei" 2007 mit Spen-
dengeldern wieder errichtet.

Ein Stück weiter folgt eine Landenge zwischen Jungfern- und Heiligem See. Hier tut
sich eine der spektakulärsten **Sichtachsen** in
der Potsdamer Kulturlandschaft auf: zwischen
dem Marmorpalais auf der einen und der Pfaueninsel mit dem weißen Schloss und seinen
zwei Türmen auf der anderen Seite.

❹ Die Matrosenstation Kongsnaes

Der Neue Garten endet am Hasengraben, der
den Heiligen See mit der Havel verbindet.
Auf der Rasenfläche entlang der Schwanenallee verlief von 1961 bis 1989 die Mauer. Der

⊙ Historischer Ort: Die Heilandskirche

Zwischen der Sacrower Heilandskirche und
der Matrosenstation wurde 1897 erstmals in
Deutschland eine Nachricht drahtlos über-
tragen. Der Pionier der Radiotechnik Adolf
Slaby hatte für seine Versuche am Campanile die Sendeantenne befestigt und am Fah-
nenmast der Matrosenstation die Empfangs-
antenne. Bereits ein Jahr später initiierte er
die Einrichtung der ersten Fabrik für Radio-
apparate auf dem Kontinent. Am Turm der
Heilandskirche erinnert eine Tafel an die frü-
hen Tage der Funktechnik.

Weg führt zu einem mit nordischen Schnitzereien verzierten Holztor, das die Inschrift „Kongsnaes" trägt. An dieser Stelle ist das Ufer festungsartig ausgebaut. An der Straße stehen Holzhäuser im norwegischen Stil. Das alles sind Überbleibsel der Matrosenstation aus dem Jahr 1895, Liegeplatz für die kaiserlichen Jachten. Kaiser Wilhelm II., der alljährlich zu einer Schiffstour in die norwegischen Fjorde aufbrach, holte sich damit einen Hauch Nordland an die Havel. Am anderen Ufer der Havel zieht das Casino im Schlosspark Glienicke die Blicke auf sich.

Garage du Pont

🔵 Villa Schöningen

Kurz vor der Glienicker Brücke steht eine weiße Villa im italienischen Stil. Ähnliche Häuser gibt es noch mehrere in Potsdam. Der italienbegeisterte Preußenkönig Friedrich Wilhelm IV. förderte in den 1840er Jahren alles, was mehr mediterranes Flair an die Havel bringen konnte, und sein Architekt Ludwig Persius führte es aus. So auch die Villa für den königlichen Hofmarschall Kurd Wolfgang von Schöningen. Zu DDR-Zeiten diente sie als Kinderheim – vom alten Glanz der Villa war da schon nicht mehr viel übrig. Die Villa Schöningen war das letzte Potsdamer Haus vor der Glienicker Brücke. Mit dem Mauerbau geriet es völlig in deren Schatten. Die Betonplatten der Grenzanlagen versperrten die Sicht auf die nur wenige Schritte entfernte Havel. Nach dem Mauerfall stand das Haus lange Zeit leer, der Verfall schritt voran. Eine private Initiative rettete das Gebäude und richtete darin ein Museum mit der Dauerausstellung „Spione. Mauer. Kinderheim – An der Brücke zwischen den Welten" ein. Außerdem finden hier Kunstausstellungen statt, die sich im weitesten Sinne mit Freiheit und Unfreiheit auseinandersetzen.

„Royal Louise", der verkleinerte Nachbau einer Fregatte, den das britische Königshaus dem preußischen zum Geschenk gemacht hatte, kreuzt auf der Havel zwischen Potsdam und Berlin.

Villa Schöningen ♿
Do–So 10–18 Uhr

Villa Schöningen

Die Glienicker Brücke

Auf beiden Seiten der Glienicker Brücke stehen sich an einem Februarmorgen des Jahres 1962 wartend und frierend kleine Gruppen von Zivilisten und Militärs gegenüber. Auf der einen Seite spricht man russisch, auf der anderen amerikanisches englisch, man beobachtet sich mit Ferngläsern. Auf jeder Seite ist ein Mann mit Sonnenbrille auszumachen. Alle gemeinsam warten auf ein Signal, auf das sich die beiden Sonnenbrillenträger hin in Bewegung setzen und auf die jeweils andere Brückenseite hinüberlaufen. Wenn sie den weißen Strich auf der Mitte der Brücke überschreiten, wechseln sie auf die andere Seite des Eisernen Vorhangs.

Mit dem Austausch des zu 30 Jahren verurteilten Chefs der sowjetischen Spionage in den USA, Rudolf I. Abel, gegen den Piloten eines über dem Ural abgeschossenen USA-Spionageflugzeuges begann für die Glienicker Brücke eine Karriere als Ort, an dem Spione, aber auch politisch Verfolgte durch Austausch vorzeitig aus der Haft entlassen wurden. Von DDR-Seite wurde sie „Brücke der Einheit" genannt. Sie ist bis heute ein besonderes Symbol für den Kalten Krieg.
  Die Glienicker Brücke eignete sich für die insgesamt drei Austauschaktionen deshalb besonders gut, weil sie als Grenzübergang im Alltag nur eine untergeordnete Rolle spielte. Es waren vor allem Diplomaten und Angehörige der in Potsdam angesiedelten westalliierten Militärmissionen, die diesen Übergang nutzten. Zudem ließ sich in der zwischen Berlin und Potsdam gelegenen Seenlandschaft

leicht die gewünschte Diskretion wahren. Praktisch über Nacht verlor die Glienicker Brücke ihre besondere Funktion. Mit der Maueröffnung 1989 bemächtigten sich die Potsdamer Bürger wieder ihrer Brücke und strömten nach West-Berlin. Inzwischen erinnert ein Denkmal an dieses Ereignis.

Foto: Modell der Grenzanlagen auf der Glienicker Brücke

⑥ Die Glienicker Brücke

Über die einstige Holzbrücke über die Havel bei Glienicke führte die erste künstlich ange- legte Chaussee Preußens. Sie verband die Resi- denzstädte Berlin und Potsdam. Ab 1834 war sie aus Stein mit einer Zugvorrichtung in der Mitte für die Segelschiffe. Aber auch diese Brücke war bald zu klein und wurde 1907 durch die jetzige 148 Meter lange Stahlkon- struktion ersetzt. Sie ist ein eindrucksvoller Aussichtspunkt: im Hintergrund die Sacrower Heilandskirche, im Vordergrund der Glienicker Schlosspark und auf der anderen Seite – beson- ders schön in der Abendsonne – das Schloss Babelsberg.

Tram 93
Kultur-Linie
BUS 316
Halt: *Glienicker Brücke*

⑦ Schloss und Park Glienicke

Im Gegensatz zu seinen beiden älteren Brü- dern brachte es Prinz Carl von Preußen nie- mals zu königlichen Ehren. Sein Glienicker Schloss mit dem umgebenden Park aber gehö- ren zu den Perlen der Potsdamer Kulturland- schaft – auch wenn es sich heute auf Berliner Gebiet befindet. Zur Zeit des Prinzen hatte die Stadtgrenze von Berlin die Havel allerdings noch lange nicht erreicht.

Wie auch im Park Charlottenhof entstand der Park Glienicke in glücklicher Zusammen- arbeit des Architekten Karl Friedrich Schin- kel und des Landschaftsgestalters Peter Joseph Lenné. Und wiederum war Italien das große Vorbild. 1824 begann Lenné einen sanft hüge- ligen Park anzulegen mit Wiesen und Baum- gruppen und den typischen Sichtachsen in alle Richtungen. Jahrzehnte hat er an diesem Meisterwerk gearbeitet.

Schlosspark Glienicke
täglich 6 Uhr bis
Einbruch der Dunkelheit

Besonderheit am Havel- ufer: Der Wunderlauch, auch Berliner Bärlauch genannt, wurde vor über 100 Jahren im Bota- nischen Garten von Ber- lin angepflanzt. Er hat sich seitdem äußerst rasant ausgebreitet.

Schloss Glienicke mit Hofgärtnermuseum
April bis Okt.
Di–So 10–18 Uhr
Nov. bis März
Sa, So, feiert. 10–17 Uhr

Stibadium: *große steinerne Parkbank, meist an Brunnen und Aussichtspunkten*

Ein Ensemble von Gebäuden schafft eine heitere, mediterrane Atmosphäre – so, wie man sich Italien in seinen schönsten Träumen vorstellt. Dazu gehört ein Schloss im italienischen Stil, ein Casino in herrlicher Lage am Wasser, Aussichtspavillons und zahlreiche Wirtschaftsgebäude. Das Schloss beherbergt Europas einziges Hofgärtnermuseum. In der Remise befindet sich ein beliebtes Restaurant.

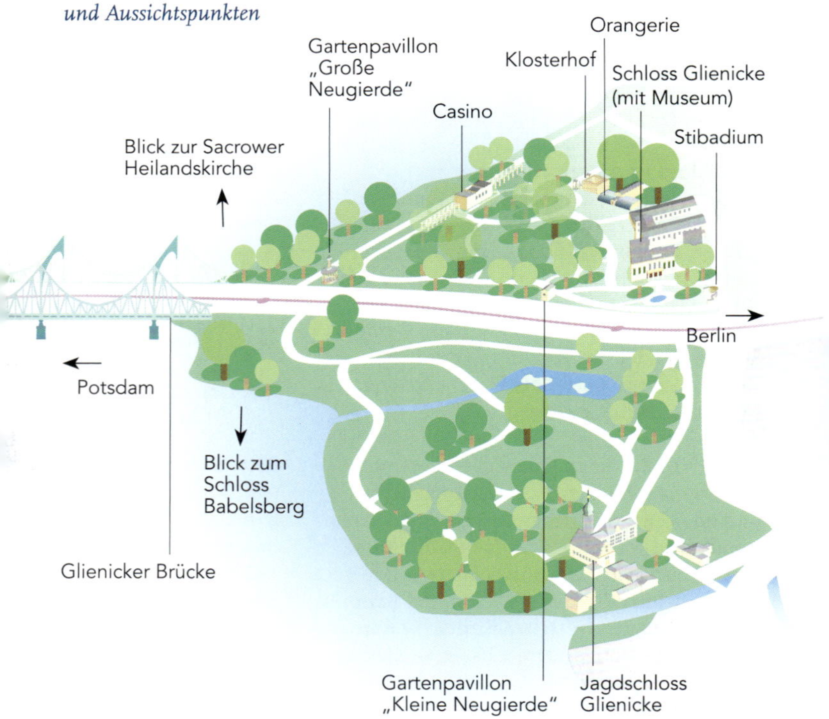

Gartenpavillon „Große Neugierde"

Casino

Klosterhof

Orangerie

Schloss Glienicke (mit Museum)

Stibadium

Blick zur Sacrower Heilandskirche

Berlin

Potsdam

Blick zum Schloss Babelsberg

Glienicker Brücke

Gartenpavillon „Kleine Neugierde"

Jagdschloss Glienicke

Schloss Glienicke

Unterwegs zur Pfaueninsel

An der Glienicker Brücke beginnt ein Uferweg, der havelaufwärts zum Berliner Wannsee führt. Er verläuft durch UNESCO-Weltkulturerbe und kommt an Sehenswürdigkeiten und zwei traditionsreichen Ausflugsgaststätten vorbei. Der Weg führt unterhalb des Casinos am Schlosspark und dann am wild-romantischen Volkspark Glienicke vorbei. Stellenweise steigt die Landschaft neben dem Weg steil an. Über eine der Schluchten führt die „Teufelsbrücke", halb aus Holz, halb aus Stein gebaut. Von diesem Uferweg ergeben sich eindrucksvolle Aussichten zur Sacrower Heilandskirche, die auf dem Wasser zu schweben scheint.

Das Weiße Schloss auf der Pfaueninsel

Hinter einer Biege taucht mitten im Wald ein **Forsthaus** im alpenländischen Stil auf. König Friedrich Wilhelm IV. ließ es zur Freude seiner bayerischen Gemahlin 1840 errichten. Seit über 100 Jahren ist es eine beliebte Ausflugsgaststätte. Hoch über der Havel steht ein kurzes Wegstück weiter eine Kirche. Ihre Zwiebeltürme lassen russische Vorbilder erahnen, ebenso das Blockhaus gleich nebenan. Sechs Jahre vor dem Bau der russischen Siedlung Alexandrowka in Potsdam entstand dieses Refugium. In der Kirche wird seit jeher der heimische evangelische Glauben gepredigt.

15 Gasthaus Moorlake

Fahrgastschiffe der Weissen Flotte Potsdam steuern die Pfaueninsel im Rahmen ihrer „Schlössertour" an. Abfahrten an der Langen Brücke.

Nun ist die Fährstation an der **Pfaueninsel** nicht mehr weit. Die Insel mitten in der Havel wurde unter König Friedrich Wilhelm II. um 1795 zu einem Landschaftspark gestaltet, der – wie auch der Neue Garten – eine Reihe von Parkarchitekturen enthält. Bis nach Potsdam hinein sichtbar ist das Weiße Schloss, das eine Ruine zwischen zwei Rundtürmen vortäuscht. Hier begrüßen die Wahrzeichen der Insel die Besucher: die freilaufenden Pfaue.

Potsdam im Kalten Krieg

Potsdam, Schauplatz des letzten Gipfeltreffens der alliierten Mächte des Zweiten Weltkrieges, spielt auch in den nachfolgenden Jahren eine wichtige Rolle am Eisernen Vorhang des Kalten Krieges. Die Stadt grenzt direkt an den amerikanischen (Bezirk Zehlendorf) und – im Norden – an den britischen Sektor (Bezirk Spandau) von Westberlin. Bis zum Mauerbau gibt es eine S-Bahn-Verbindung von Potsdam, durch Westberlin hindurch, nach Ostberlin.

Die Grenze verlief zum größten Teil entlang der Havel bzw. ab Glienicker Brücke entlang des Teltower Kanals bzw. des Griebnitzsees. Mauer und Stacheldraht verbauten die Sicht auf die Havel. Stark betroffen davon waren auch Potsdams klassische Parks. Dem 30 bis 70 Meter breiten Grenzstreifen fielen im Neuen Garten und im Park Babelsberg insgesamt fast 30 Hektar Parkfläche zum Opfer. Ein besonderes Schicksal hatte die Heilandskirche nordöstlich von Potsdam. Dieses Kleinod in der Potsdamer Kulturlandschaft stand 28 Jahre lang im Niemandsland zwischen Mauer und Seeufer.

Obwohl Potsdam ein Grenzort war, gab es hier keinen Grenzübergang für Normalbürger. Westberliner, die mit Tagespassierschein Potsdam besuchen wollten, mussten über einen der Übergänge in der Berliner Innenstadt einreisen und dann die rund einstündige Bahnfahrt um Westberlin herum zum damaligen Potsdamer Hauptbahnhof auf sich nehmen. Eine Besonderheit der Grenzsituation waren die Exklaven auf dem jeweils anderen Gebiet. So war der zu Westberlin gehörende kleine Ortsteil Steinstücken völlig von DDR-Gebiet umgeben und konnte zeitweise nur durch die Luft versorgt werden. Umgekehrt war Klein Glienicke von drei Seiten von Westberlin umschlossen. Die Bewohner besaßen einen besonderen Passierschein für den Weg von ihrer Wohnung nach Potsdam.

Weltweit bekannt wurde die Glienicker Brücke. 1945 von Wehrmachtsangehörigen gesprengt und 1949 wiederhergestellt, erhielt sie den Namen „Brücke der Einheit". Dieser bewahrte sie nicht davor, ein Symbol der Spaltung zu werden. 1961 wurde sie von DDR-Seite aus abgeriegelt. Offen blieb sie nur als Grenzübergang für Angehörige der alliierten Besatzungsmächte und Diplomaten. Als Ort von drei Agentenaustausch-Aktionen errang sie weltweite Berühmtheit.

Potsdams spezielle Lage in unmittelbarer Berlin-Nähe und dennoch nicht dem besonderen Besatzungsrecht der 4-Mächte-Stadt unterworfen, machten die Stadt zu einem regelrechten Agentennest. Zwischen dem Pfingstberg und dem Neuen Garten bestand zwischen 1945 und 1994 das „Militärstädtchen Nr. 7", von den Potsdamern „Verbotene Stadt" genannt. Hier bekamen die Straßen russische

Namen, es gab eigene Geschäfte und eine Poliklinik. Kontakte nach außen waren unerwünscht, denn hier residierte die Deutschlandzentrale der sowjetischen Militärspionageabwehr. Im Haus Leistikowstraße 1 informiert die Dauerausstellung „Sowjetisches Untersuchungsgefängnis Leistikowstraße Potsdam" über die Geschichte des Haftortes und das Schicksal der Häftlinge. Sie ist Di–So 10–18 Uhr geöffnet.

Zur Geschichte des Kalten Krieges gehören auch die Militärverbindungsmissionen, die jede der vier alliierten Mächte in der jeweils anderen Besatzungszone unterhielt. Zunächst als „vertrauensbildende Maßnahme" gedacht, entwickelten sie sich nach und nach in Spionagezentralen mit quasi diplomatischem Status. Von hier aus brachen Kundschafter zu Spähfahrten auf, um die Kampfkraft des anderen unter Beobachtung zu halten. Obwohl ihnen das Betreten militärischer Anlagen verboten war, kam es dort immer wieder zu Zwischenfällen. Die Verbindungsmissionen der West-Alliierten auf sowjetisch kontrolliertem Gebiet befanden sich alle in Potsdam. Sie belegten Villen in Fahrland (USA) und am Heiligen See (Großbritannien und Frankreich).

Natürlich war in Potsdam auch die Stasi präsent. Der DDR-Geheimdienst unterhielt hier eine Bezirksverwaltung, die vor allem in einem Karree zwischen Hegelallee und Jägerstraße untergebracht war. Als Untersuchungsgefängnis diente eine alte kaiserliche Haftanstalt in der Lindenstraße 54, einem Bau in der historischen Innenstadt Potsdams. Heute ist es die „Gedenkstätte Lindenstraße für die Opfer politischer Gewalt im 20. Jahrhundert". Sie ist Di–So 10–18 Uhr geöffnet.

Nach dem Fall der Mauer im November 1989 wurden die Grenzanlagen zügig abgebaut und geschliffen. In der Nähe des Bahnhofs Griebnitzsee erinnert noch ein kurzes Mauerstück an die Zeit des Kalten Krieges. Der Mauer-Radweg gibt heute einen Eindruck vom ungefähren Verlauf der Grenzanlagen. Dieser gut ausgeschilderte Radweg ist nicht nur für Geschichtsinteressierte ein Erlebnis, sondern bietet auch schöne Ausblicke auf die Havellandschaft.

Tour 7: Über den Pfingstberg zur Kolonie Alexandrowka

🕐 ca. 1,5 Stunden

🚌 **603**
Cecilienhof-Linie
Halt: *Höhenstr.*

🚊 **92, 96**
Halt: *Puschkinallee*

🍴 **21** Kades Restaurant
„Am Pfingstberg"

Belvedere 😊
auf dem Pfingstberg
April bis Okt.
täglich 10–18 Uhr
März, Nov.
Sa, So 10–16 Uhr
Dez.–Febr. geschlossen
Informationen und
Veranstaltungen:
www.pfingstberg.de

Fotos oben:
Kolonie Alexandrowka,
Belvedere auf dem
Pfingstberg

1 Das Belvedere auf dem Pfingstberg

Mit seinen nicht einmal 80 Metern ist der
Pfingstberg die höchste Erhebung im Potsdamer
Stadtgebiet. Als wäre das nicht genug, trägt er
auf seinem Gipfel auch noch die höchsten Aussichtstürme Potsdams. Vom Nordausgang des
Neuen Gartens geht es vorbei an Villen und
einer Kleingartenanlage. Dort biegt der Weg
links ab und führt an einem **historischen Was-
serbehälter** und einer Villa im italienischen Stil
vorbei zum Belvedere auf dem Pfingstberg.

Ein **Laubengang** umgibt den Vorplatz, von
dem aus sich das Panorama der Anlage aus-
breitet: zwei Türme, Kolonnadengänge und via-
duktartige Verbindungen sind um zwei Höfe
gruppiert. So monumental das Belvedere auf
den Betrachter wirkt – es ist nur ein Fragment
dessen, was einst hier geplant war.

Preußenkönig Friedrich Wilhelm IV., der
„Romantiker auf dem Königsthron", hatte sich
eine gewaltige Wasserkaskade ausgedacht, die
bis ins Tal am Neuen Garten reichen sollte.
Eine gigantische Spielerei, der der Tod des
Monarchen ein frühzeitiges Ende setzte. Der
Bau geriet in Vergessenheit, zu Zeiten der Berliner Mauer war er – angesichts seiner strate-
gischen Lage – sogar militärisches Sperrgebiet
und wurde vollends zur Ruine. 1988 begannen
engagierte Potsdamer mit ersten Erhaltungsar-

beiten. Spenden verhalfen in den vergangenen Jahren dem Belvedere zu einem neuen Leben und Potsdam zu einer neuen Attraktion.

Das Belvedere enthält nur zwei Räume: das maurische und das römische Kabinett. Von der kostbaren Innenausstattung ist aber kaum noch etwas zu erahnen. Von diesen Räumen aus führen gusseiserne Wendeltreppen hinauf auf die Türme. Der Blick von hier ist überwältigend. Ganz Potsdam liegt dem Betrachter zu Füßen, in der Ferne das Havelland und Berlin, in der Nähe das einstige militärische Exerziergelände, das zum Volkspark umgestaltet wurde.

Innenhof des Belvederes

Eine multimediale und zweisprachige **Dauerausstellung** stellt die turbulente Geschichte des Pfingstbergensembles dar.

Pomona: *altitalienische Göttin der Baumfrüchte*

2 Der Pomonatempel

Vor dem riesigen steht noch ein kleines Belvedere im Stil eines griechischen Tempels. Karl Friedrich Schinkel, der Protagonist des deutschen Klassizismus, hat es im Alter von 19 Jahren entworfen. Auf der Dachterrasse haben kleine Gesellschaften Platz und können den Ausblick auf Potsdam genießen. 1817 erwarb König Friedrich Wilhelm III. dieses architektonische Kleinod, das nur 30 Jahre später von seinem Sohn so gigantisch übertrumpft werden sollte.

Pomonatempel
Ostern bis Okt.
Sa, So, feiertags
14–17 Uhr

Unterhalb des Pomonatempels zieht sich ein Landschaftspark hinunter zu einem Villen- und Reihenhausviertel. Schwer vorstellbar, dass dieses Areal zwischen 1945 und 1993 hermetisch abgeriegelt war – Potsdams „verbotene Stadt". Hier residierte eine Auslandszentrale des sowjetischen Geheimdienstes KGB.

3 Der Jüdische Friedhof

Die Tour verlässt das Plateau des Pfingstberges auf der Westseite durch ein Portal des Belvedere. Nach wenigen Metern bergab ist eine Friedhofsmauer erreicht. Dahinter befindet sich Potsdams Jüdischer Friedhof. Er wurde 1743 angelegt und beherbergt rund 530 Grabstellen, einige sogar noch aus dem Gründungsjahr. Die Trauerhalle wurde 1912 erbaut. Der Friedhof ist nur am Sonntagvormittag und zu besonderen Anlässen zugänglich.

Der Jüdische Friedhof

Volkspark
Potsdam

Kolonie Alexandrowka:
Haus Nr. 1
Café/Restaurant

Haus Nr. 2
Museum

Am Schragen

Kapellen-
berg

Puschkinallee

Haus des
Kirchenältesten

Alexander-Newski-Kirche

Puschkinallee

④ Die Alexander-Newski-Kirche

Wie aus einer anderen Welt tauchen zwischen
den Bäumen die Zwiebeltürme der Alexander-
Newski-Kirche auf. Dieses russisch-orthodoxe
Gotteshaus gehört zur Kolonie Alexandrowka.
Grabsteine auf dem kleinen Friedhof rund um
die Kirche zeigen kyrillische Inschriften. Der
kleine quadratische Bau wurde 1829 im Bei-
sein von Zar Nikolaus geweiht. Die Baupläne
stammten original aus Russland und wurden
von Karl Friedrich Schinkel mit klassizistischen Elementen versehen. Im Inneren ist
die Kirche reich mit Ikonen ausgeschmückt.
Die Kirche kann besichtigt werden, auch während der sonntäglichen Gottesdienste. Das
Blockhaus neben der Kirche dient traditionell
dem Priester als Unterkunft. Es enthielt
ursprünglich eine Teestube für den König.

Alexander-Newski-Kirche

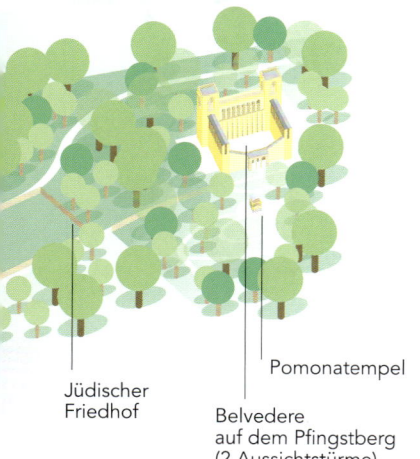

Jüdischer
Friedhof

Pomonatempel

Belvedere
auf dem Pfingstberg
(2 Aussichtstürme)

❺ Die Kolonie Alexandrowka

Noch einmal geht es bergab – und schon ist die
Kolonie Alexandrowka erreicht. Auf einer ovalen Fläche verteilt, finden sich zwölf Gehöfte.
Die darauf stehenden Blockhäuser sind zwar
Attrappen, aber dennoch stilecht bis ins Detail.
Der Gartenkünstler Peter Joseph Lenné hat die
Siedlung in der Form eines russischen Andre-
askreuzes entworfen. Preußische Sparsamkeit
hat allerdings die Errichtung der Bauten in original Blockhaus-Bauweise verhindert. Stattdessen sind es die damals in Preußen üblichen
Fachwerkbauten, die hier mit dunklen Brettern
verkleidet wurden.

Jedes Gehöft ist von einem großen Garten
umgeben, auf dem reichlich Obst und Gemüse
angebaut werden kann. Da die ersten Bewohner allesamt russische Sänger im 1. Gardere-
giment zu Fuß waren, galt die Siedlung als
militärische Anlage und war streng bewacht.

Im **Haus Nr. 2** befindet sich ein kleines
Museum. Hier kann man ein Kolonistenhaus
von innen erleben. Man kann in Küche und
Stube schauen und sich ein Bild von den einfachen Lebensverhältnissen der damaligen Zeit
machen. Es sind Dokumente ausgestellt, die
die engen – auch verwandtschaftlichen – Bezie-
hungen zwischen dem preußischen und dem
russischen Herrscherhaus bezeugen.

Wenige Meter weiter, im **Haus Nr. 1**, befin-
det sich ein russisches Restaurant. Hier gibt es
Pelmeni, Borschtsch, Kwas und all die anderen
Spezialitäten, freundlich serviert von echten
Russinnen. Hier klingt die Tour aus.

Café Alexandrowka

🚊 Alexandrowka 1

Museum Alexandrowka
Russische Kolonie 2 ♿
Di–So 10–18 Uhr
www.alexandrowka.de

🚋 **92, 96**
Krongut-Linie
Tropen-Linie
🚍 **603**
Cecilienhof-Linie
Halt: *Reiterweg/Alleestr.*

Volkspark Potsdam

- **Sportanlagen**
- **Spielplatz**
- **Grillplatz**
- **Café**
- **WC** Toilette
- **Eingang** (eintrittspflichtiger Bereich)
- ■ Tram-Haltestelle
- ● Bus-Haltestelle

Streuobstwiese

Bolzplatz

Kletter-spielplatz

Remisenpark

WC

Viereck-remise

Jurten

Holzdeck

Disc-Golf-Parcours

Minigolf

Einstieg

Am Golfplatz

WC

Viereckremise

96

Ausstieg

Georg-Hermann-Allee

Nedlitzer Str.

2

Allee

Pyramidengarten

Promenade

Hermann-Mattern-

Erich-Mendelsohn-

Wallkreuz

In den Wällen

Irisgraben

Schaugärten

Fußball/Basketball

P

Am Pfingstberg

WC Skaten

Rosengarten

i

Haupt-eingang

Biosphäre

Volkspark

Riesen-Rutschen

WC

„Basketball"

WC

Wasser-spielplatz

Waldpark

Beachvolleyball

Streetball

WC

Kletterwand Beachvolleyball

Bauminseln

Rhododendron-hain

Großer Wiesenpark

609 – 638

Trampoline

92

Hannes-Meyer-Str.

Kiepenheuerallee

Annemarie-Wolf-Platz

Campus Fachhochschule

92 – 96

Am Schragen

Streuobstwiese

Kleiner Wiesenpark

Pappelallee

Ruinenbergstr.

Der grüne Norden

Der Volkspark Potsdam

Nicht weit vom Pfingstberg und der russischen Kolonie „Alexandrowka" entfernt, befindet sich Potsdams jüngste Parkanlage: der Volkspark Potsdam. Eingebettet in den neuen Stadtteil Bornstedter Feld – ein riesiges ehemaliges Truppenübungsgelände im Norden Potsdams –, verbindet der Volkspark die Grünanlagen von Sanssouci mit dem Pfingstberg und dem Neuen Garten.

Der Volkspark gliedert sich in vier Hauptbereiche: Zentraler Parkteil sind die **Wallanlagen** als markanteste Spuren der einstigen militärischen Nutzung. Im südlichen Teil befindet sich der **Große Wiesenpark** mit seinen Baumhainen und weiten Wiesenflächen, östlich schließt sich der naturbelassene **Waldpark** an, und im nördlichen Teil verläuft der durch alten Baumbestand geprägte **Remisenpark**.

In der 65 Hektar großen Parkanlage finden Familien, Erholungssuchende, Fitness- und Sportbegeisterte und Blumenliebhaber alles für einen erlebnisreichen Tag. Auf dem 4 Kilometer langen Rundweg tummeln sich Jogger, Walker, Spaziergänger, Skater und Radfahrer. Klassiker für die Kleinen sind der **Wasserspielplatz** mit Wasserbecken, Holz-Flößen und „Piratenbooten", der rustikale Spielplatz „Zick-Zack in die Wipfel", die Kletterwand und die futuristische Riesenrutsche im Waldpark.

Der Volkspark ist eine Naturoase zu allen Jahreszeiten. Höhepunkte sind Ende Juni die 13.000 blühenden Rosen sowie im Juli die lilafarbenen Blüten des Lavendels, die einen Hauch Provence in den Park zaubern.

Volkspark Potsdam
Haupteingang:
Georg-Hermann-Allee neben der Biosphäre, 16 weitere Eingänge täglich 5–23 Uhr (ggf. Änderungen bei Sonderveranstaltungen)

Tram **96**
Tropen-Linie
Halt: *Volkspark*

Entwicklungsträger Bornstedter Feld GmbH
Pappelallee 4
14465 Potsdam
Tel.: (0331) 6206 777
www.bornstedter-feld.de

Die Biosphärenhalle

Flammend rot glüht im Herbst der wilde Wein an den Wallhängen und schenkt einen leuchtenden Anblick zum Abschluss der Gartensaison.

Bekannt ist der Volkspark Potsdam auch als Open-Air-Veranstaltungsgelände mit einem familienorientierten Kulturprogramm.

Zwischen Mai und Oktober findet alljährlich eine Vielzahl an großen Parkfesten und kleineren Veranstaltungen im Volkspark statt. Und was den Besuchern in den historischen Parks verwehrt bleibt, ist hier im Volkspark Potsdam möglich: „Betreten des Rasens erbeten!"

Die Biosphäre Potsdam

Bromelie in der Biosphäre

Biosphäre Potsdam

Georg-Hermann-Allee 99
Tel. (0331) 550 74-0
Mo–Fr   9–18 Uhr
Sa, So und feiertags
10–19 Uhr
biosphaere-potsdam.de

Am Eingang des Volkparks steht eine von Deutschlands großen Tropenhallen. Schon zur BUGA 2001 war sie ein Anziehungspunkt für Naturliebhaber. Die Besucher sind zu einer Entdeckungsreise durch die Pflanzen- und Tierwelt der warmen Regionen eingeladen. Die Lufttemperatur von 23° C bis 25° C, ein Wasserfall und zwei Seen, das dichte Grün von über 20.000 Pflanzen, Geräusche des Regenwaldes sowie ein stündliches Gewitter mit Regenschauern und Nebel sorgen für Dschungel-Atmosphäre. Die Halle ist groß genug, um über 14 Meter hohe Bäume wachsen zu lassen.

Während des Rundganges geraten die Besucher in unbekannte Welten: In einer Unterwasserstation beobachten sie die farbenfrohen Fische der Tropen, und auf einem Höhenweg über den Baumwipfeln können sie die Pflanzenwelt aus ungewohntem Blickwinkel genießen.

Der Potsdamer Stadtteil Babelsberg hat viele Gesichter: Siedlerko-
lonie, Arbeitervorstadt, Villenviertel, Filmstudios und einen Park, der
mit seinen Bauten zum Potsdamer Weltkulturerbe gehört. Grund
genug, sich hier ausgiebig umzuschauen.

Tour 8 führt Sie durch den Park Babelsberg. Erleben Sie Bauten wie
aus dem Märchenbuch und genießen Sie die Ausblicke über die Havel.

Tour 9 macht Sie mit dem eigenwilligen Charme der Babelsberger City bekannt und Sie erfahren manches über böhmische Weber und ihre Siedlung „Nowawes". Architektur-Interessierte führen wir zu drei Frühwerken des Bauhaus-Meisters Mies van der Rohe.
Extra: Filmfreunde bringen wir zur Medienstadt Babelsberg und zum dortigen Filmpark.
Extra: Kinderwelten

Wilhelm I.: Prinz – König – Kaiser

Der Besucher hat eine lange Eisenbahnfahrt hinter sich. Von Paris bis nach Potsdam. Am 29. Sept. 1862 ist er in Schloss Babelsberg und führt ein langes Gespräch mit dem König. Dieser glaubt sich am Ende seiner Kraft. Das Parlament hat die Mittel für eine Heeresreform nicht bewilligt. Der König möchte am liebsten abdanken. Der Besucher beruhigt ihn. Er entwirft eine Strategie, wie das Parlament zur Raison zu bringen ist und beeindruckt den König mit einem weitsichtigen Regierungsprogramm. Der Besucher heißt Otto von Bismarck und war dem König von konservativen Politikern als Mann mit immenser Durchsetzungskraft empfohlen worden. Tatsächlich: Bismarck schafft es in wenigen Stunden, den König umzustimmen und sich selbst bis an die Regierungsspitze zu hieven. Auf einer kleinen gusseisernen Brücke in der Nähe des Flatowturms schwört Bismarck dem König die unerschütterliche Treue. Die Brücke heißt heute „Bismarck-Brücke".

Nicht einmal 10 Jahre später ist aus dem preußischen König der deutsche Kaiser geworden. Dank Bismarcks Politik und drei Kriegen. Mit „Blut und Eisen" hatte er das Deutsche Reich aus der Taufe gehoben. Kaiser Wilhelm I. überlebte ein Attentatsversuch und regierte bis 1888.

Dabei hatte Wilhelm als Zweitgeborener eigentlich keinen Anspruch auf den Thron. Erst als sich herausstellte, dass die Ehe seines älteren Bruders Friedrich Wilhelm IV. kinderlos bleiben würde, rückte er auf. Als dann noch der Bruder schwer erkrankte, war die Zeit für die Regentschaft gekommen. Nach drei Jahren hatte der König den Kampf gegen die Krankheit verloren und der jüngere Bruder setzte sich im fernen Königsberg die Krone aufs Haupt.

Das Volk nannte Wilhelm einige Zeit lang den „Kartätschenprinz". Er erwarb sich diesen zweifelhaften Ruhm, als er 1848/49 an der Spitze eines preußischen Heeres in Süddeutschland eine revolutionäre Erhebung im Blut erstickte. In seinem Babelsberger Park befinden sich zahlreiche Erinnerungsstücke an diesen Feldzug.

In seinen späteren Jahren galt er aber als würdiger, alter Monarch. In seiner Regierungszeit erlebte Deutschland einen beachtlichen wirtschaftlichen Aufschwung. Man nennt diese Zeit heute noch „die Gründerjahre".

Foto: Statue Wilhelms I. an der Fassade des Potsdamer Amtsgerichtes, Hegelallee

Tour 8: Erkundungen im Park Babelsberg

Der Park Babelsberg

Als Prinz Wilhelm von seinem Vater das Gebiet um den Park Babelsberg geschenkt erhielt, hatten seine Brüder Friedrich Wilhelm und Carl sich bereits in den Parks Charlottenhof und Glienicke ihren Traum vom Leben in heiterer Atmosphäre und im Geiste des klassischen Altertums erfüllt. Wilhelm hingegen fühlte sich als Militär und hasste Gefühlsduselei. Sein Ideal entsprang den in deutschen Heldensagen besungenen Mannestugenden Mut, Kraft und Härte. Er ließ auf dem Babelsberg nach Vorbildern der deutschen und englischen Gotik bauen. Hier stellt sich eine eher schwermütige Stimmung ein. Wenn die unterschiedlichen Parks in und um Potsdam dennoch ein harmonisches Ganzes ergeben, dann ist das der genialen Weitsicht von Peter Joseph Lenné und Karl Friedrich Schinkel zu verdanken.

1 Das Pförtnerhaus

Die gotischen Formen des Pförtnerhauses lassen ahnen: Hier beginnt eine Zeitreise, die rund 500 Jahre in die Vergangenheit führt, auch wenn die Bauten selbst hier kaum länger als 150 Jahre stehen. Der Parkeingang befindet sich bereits auf einer Anhöhe. Kaum geben die Bäume den Blick auf die Landschaft frei, bieten sich atemberaubende Ausblicke.

🕐 ca. 2 Stunden

🚌 616
Halt: *Schloss Babelsberg*

Park Babelsberg
ständig geöffnet

Fotos oben: Schloss Babelsberg im Winter, Blick aus der Gerichtslaube über die Havel

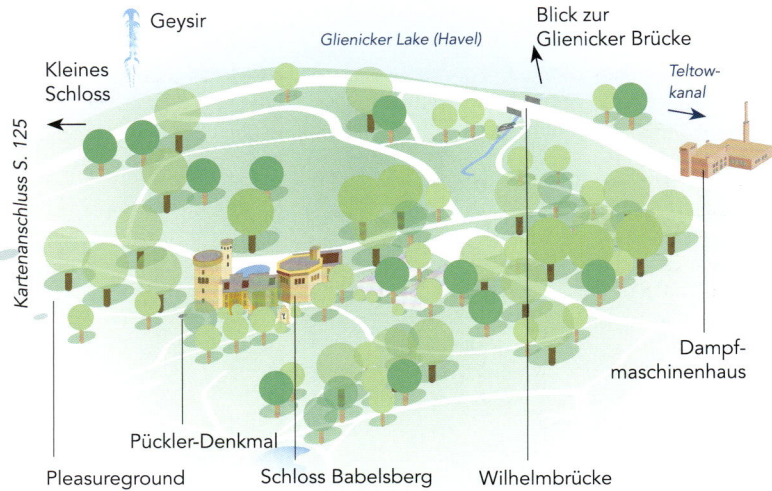

Geysir

Kleines
Schloss

Glienicker Lake (Havel)

Blick zur
Glienicker Brücke

Teltow-
kanal

Kartenanschluss S. 125

Dampf-
maschinenhaus

Pückler-Denkmal

Pleasureground

Schloss Babelsberg

Wilhelmbrücke

 Bürgershof

▶ Abstecher: Klein Glienicke

Der Weg von der Anhöhe hinunter führt über eine kleine Brücke in den Ortsteil Klein Glienicke. Er befand sich zu Zeiten der Berliner Mauer im „Niemandsland" und war nur mit Spezialerlaubnis zu betreten. Hier fallen zwei Wohnhäuser auf, wie man sie vielleicht in der Schweiz vermutet. Prinz Carl, der Herr des nahen Schlosses Glienicke, hat sie um 1860 einer Mode folgend errichten lassen.

Auf der anderen Straßenseite lädt ein traditionsreicher Biergarten direkt am Wasser ein. Wenige Schritte weiter steht das Jagdschloss Glienicke. Es geht zurück bis auf die Zeit des Großen Kurfürsten. Zahlreiche Veränderungen lassen kaum noch das Renaissance-Schloss erkennen. Es ist für Besucher nicht zugänglich. ▶

❷ Das Dampfmaschinenhaus

Am Uferweg geht die Tour weiter. Sie führt zu einer vermeintlichen Ritterburg am Wasser. Potsdam-Kenner ahnen: Hier steht wieder einmal ein früheres Dampfmaschinenhaus. Von hier aus wurden zwei Bassins auf der Anhöhe gespeist, die die Fontänen im Park mit Wasser belieferten. Darunter auch eine Fontäne auf der Wasseroberfläche, die in den Sommermonaten einen über 20 Meter hohen Wasserstrahl entstehen lässt.

3 Das Schloss Babelsberg

Der Weg führt nun über einen vom Uferweg abzweigenden schmalen Weg. Über eine eiserne Brücke geht es hinauf zum Schloss Babelsberg. Der Anblick dieses im Tudor-Stil errichteten Baus mag irritieren. Keine klare Linie führt das Auge: Türme und Türmchen, Erker, Fassadenvorsprünge: eine Vielzahl architektonischer Details. Augusta, die Gemahlin Wilhelm I., liebte es so. Selbst der große Schinkel hatte es schwer, sich gegen ihre Geschmacksvorstellungen durchzusetzen. Als in einer zweiten Bauphase vor allem repräsentative Gebäudeteile hinzukamen, waren die Nachfolger Schinkels noch stärker den Wünschen der Monarchin ausgesetzt.

Schloss Babelsberg
Während der Sanierung geschlossen

Teesalon
im Schloss Babelsberg

Ein Weltreisender als Gartenkünstler

Nachdem er so viel für die Verschönerung der Landschaft um Potsdam geleistet hatte, musste Peter Joseph Lenné am Ende seiner Laufbahn eine herbe Niederlage einstecken. Der Lebemann, Weltreisende und Gartenkünstler Fürst Pückler-Muskau schaffte es, das Vertrauen des Prinzen Wilhelm und vor allem dessen Gattin Augusta zu erringen und sicherte sich den Auftrag zur weiteren Gestaltung des Parks Babelsberg. Selbstbewusst forderte er, „man muss mir nur freie Hand lassen und tun was ich sage." So entstand in den 13 Jahren nach 1842 ein kunstvoller, romantischer und zugleich urwüchsiger Park.

Wer aber bereit ist, sich auf die Detailfülle der Architektur einzulassen, kann manche interessante Entdeckung machen. Dabei lohnt sich auch ein Blick auf die Rückseite des Schlosses.

Das Schloss Babelsberg gehört zu den 23 Bau- und Gartendenkmälern, die im Rahmen eines Sonderinvestitionsprogramms in Höhe von insgesamt 155 Millionen Euro bis zum Jahr 2017 vor dem Verfall gerettet werden und ist daher für Besucher nicht geöffnet.

④ Der Pleasureground

Westlich des Schlosses erstreckt sich ein kunstvoller Blumengarten. Vergoldete Gitter, eine Brunnenfontäne und ein jahreszeitlicher Blütenteppich charakterisieren diesen Gartenbereich. Geschwungene Wege führen hindurch. Im Rosarium fügen sich 16 Einzelbeete wie Blütenblätter zusammen.

Unterhalb des Pleasuregrounds beginnt die Goldene Rosentreppe. Dieser mit Rosen bewachsene Laubengang führt wieder hinab zum Uferweg, der sich malerisch an der Havel entlangschlängelt. Der Blick geht zur Glienicker Brücke und hinüber zur Berliner Vorstadt.

Pleasureground:
Blumenbeet; Zieranlage auf ebener Fläche, auch: Gartenparterre

⑤ Das Kleine Schloss

Das hübsche weiße Haus am Flussufer ist älter als Schloss Babelsberg. Es entstand durch Umbau eines früheren Gartenhauses im Stil der englischen Neugotik. Das Schlösschen diente dem Prinzenpaar während des Schlossbaus als Unterkunft und wurde auch von der nachfolgenden Generation kurzzeitig als Wohnung benutzt. Im Untergeschoss befindet sich heute ein Restaurant und Café, das sich seiner Tradition durchaus bewusst ist.

🔞 Kleines Schloss

⑥ Das Matrosenhaus

Parallel zum Uferweg steigt das Gelände immer höher an. Der Park wird bergig. Wenige Meter oberhalb des Weges fällt ein kleines Gebäude mit einem reich verzierten Giebel auf, wie es im Mittelalter für norddeutsche Rathäuser typisch war. Hier war die Matrosenstation für die königlichen Havel-Boote untergebracht. Das Haus ist nicht zugänglich.

Von hier aus ist bereits das nächste Ziel, der Flatowturm, zu sehen. Mehrere Wege führen hinauf. Der interessanteste: Um das Matrosenhaus herum zur „Generaleiche", einem verwitterten Baumriesen (tolle Aussicht!) und weiter über die „Bismarck-Brücke".

7 Der Flatowturm

Der Flatowturm gehört zu den trutzigen Parkarchitekturen, wie sie Wilhelm I. liebte. Dem Eschenheimer Torturm in Frankfurt/Main aus dem 15. Jahrhundert nachgebildet, besitzt er zusätzlich einen Wassergraben und eine Zugbrücke. Er ist eine Erinnerung des Prinzen an seinen Feldzug gegen die Aufständischen in Süddeutschland.

Auf dem Weg zum Aussichtsgeschoss kommt der Besucher durch das Arbeitszimmer Wilhelms. Von den früheren Einrichtungsgegenständen, darunter eine Ansammlung von Erinnerungsstücken an vergangene Tage, ist allerdings nichts mehr erhalten.

Flatowturm 😊
im Park Babelsberg
Mai bis Okt.
Sa, So, feiert. 10–18 Uhr

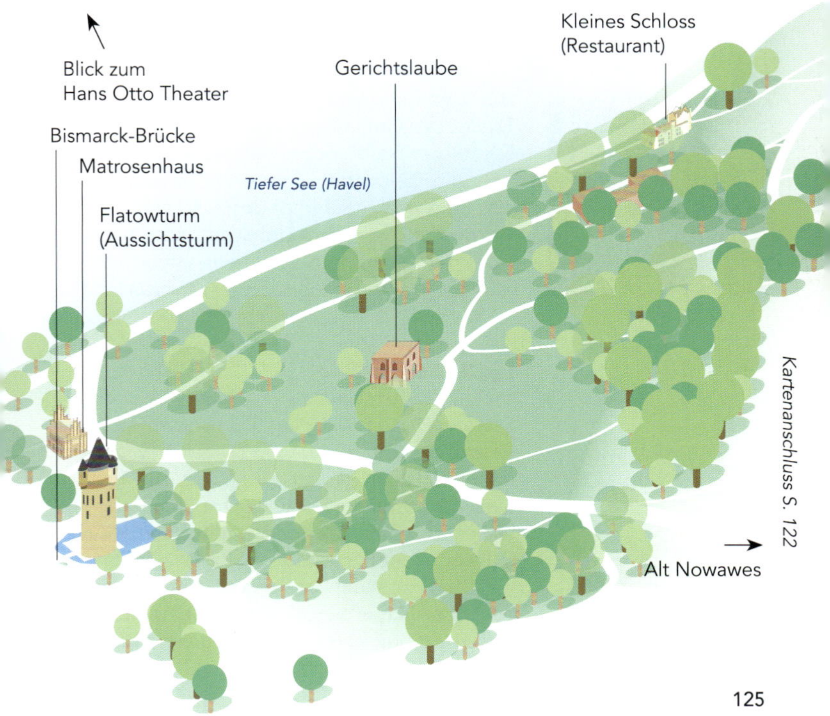

Blick zum
Hans Otto Theater

Gerichtslaube

Kleines Schloss
(Restaurant)

Bismarck-Brücke

Matrosenhaus

Tiefer See (Havel)

Flatowturm
(Aussichtsturm)

Alt Nowawes

Kartenanschluss S. 122

Heute finden hier Ausstellungen statt. Dem Flatowturm im Park Babelsberg liegt die gesamte Innenstadt Potsdams zu Füßen. Im Hintergrund die Ravensberge, der Telegrafen- und der Brauhausberg, auf der anderen Seite der Pfingstberg. Dazwischen die Havel. Im Park fällt ein würfelförmiger roter Ziegelstein- bau auf. Er ist das nächste Ziel des Rundgangs.

8 Die Gerichtslaube

Auf einer Anhöhe gegenüber dem Flatowturm steht die Gerichtslaube – erneut eine mittelal- terliche Parkarchitektur. Es ist die im 13. Jahr- hundert neben dem Rathaus in Berlin erbaute öffentliche Verhandlungsstätte, genannt die Gerichtslaube. Als sich die Berliner 1860 ent- schlossen, ein neues Rathaus zu bauen (das heute noch genutzte Rote Rathaus), musste die Gerichtslaube weichen. Der König zeigte Interesse an dem Bauwerk, und die Stadtväter schenkten es ihm. Es wurde abgetragen und im Park Babelsberg wieder aufgebaut. Diesmal allerdings als Teehaus. Zum Teezimmer im Obergeschoss führte eine Wendeltreppe, die jedoch nicht mehr vorhanden ist.

Wer genau hinsieht, findet an einem der Pfeiler der Gerichtslaube eine seltsame Steinfigur: Halb Vogel, halb Mensch, verse- hen mit Eselsohren, war sie im Mittelalter das Zeichen für Schimpf und Schande. Sie wurde Kaak genannt. Unter ihr befand sich der Pranger, an dem Verurteilte dem Zorn und Spott der Berliner überlassen wurden.

9 Die Siegessäule

Von der Gerichtslaube aus geht es wieder ein Stück zurück in Richtung Flatowturm. An einer Gabelung beginnt ein breiter Weg, der zum westlichen Parkausgang führt. Die Sie- gessäule erinnert an den Sieg im preußisch- österreichischen Krieg 1866 und gilt als kleine Schwester der Siegessäule in Berlin.

Die Tour endet am Parkausgang gegenüber der **Babelsberger Sternwarte**. Seit 1911 werden hier astronomische Forschungen betrieben.

BUS 616
Halt: *Sternwarte*

Tour 9: Durch das Weberviertel Nowawes

Der Stadtteil Babelsberg auf der anderen Seite der Havel gehört erst seit 1939 zu Potsdam. Damals kamen zwei Stadtgebiete zusammen, die unterschiedlicher kaum sein konnten. Hier die ehrwürdige Residenzstadt, geprägt von Beamten, Militärs und Hoflieferanten. Dort eine bunte Bevölkerung, die ihren Lebensunterhalt zum größten Teil durch harte körperliche Arbeit verdiente. Vor 100 Jahren war Babelsberg die größte Industriestadt in der südlichen Umgebung Berlins. Wir laden Sie ein zu einem Bummel durch die Einkaufsstraßen der City und durch das Weberviertel.

1 Das ehemalige Rathaus

Das ehemalige Rathaus von 1898 am Verkehrsknotenpunkt Rudolf-Breitscheid-/Karl-Liebknecht-Straße erinnert daran, dass Babelsberg einst eine selbstständige Stadt war. Aber schon seit 1891 bestand nach Potsdam eine Eisenbahn- und seit 1908 über die Havel hinweg eine Straßenbahnverbindung. Heute ist das Rat- ein Kulturhaus.

2 Die Rudolf-Breitscheid-Straße

Folgen Sie der Rudolf-Breitscheid-Straße in Richtung der S-Bahn-Trasse. Hier zeigt Babelsberg sein städtisches Gesicht: Läden, Kinos, Gastronomie – alles bunt gemischt.

Fotos oben: Sportrestaurant Hiemke im Weberviertel, das ehemalige Babelsberger Rathaus

🕐 ca. 2 Stunden

🚌 **694**
Filmstadt-Linie
🚌 **616**
Halt: *Spindelstr.*

Das Thalia-Kino in der Rudolf-Breitscheid-Straße

Friedrichskirche ♿

🍴**26** Sportrestaurant
      Hiemke

🍴**28** Steakhaus Lorado
      Mirabell

🍴**29** Nudeltopper

Nowaweser 🏃
Weberstube
Karl-Liebknecht-Str. 23
Di und Do 13–16 Uhr

❸ Der Weberplatz

Durch die Bendastraße gelangen Sie zum
Weberplatz. Er ist der Mittelpunkt des histori-
schen Nowawes, einer Ansiedlung böhmischer
Siedler (Nowa ves = Neudorf), die um 1750 als
religiös Verfolgte nach Preußen kamen. In der
Mitte des Weberplatzes steht die nach dem
Preußenkönig benannte **Friedrichskirche**.
Sonnabends ist hier Markttag. Im Juni jeden
Jahres findet das Böhmische Weberfest statt
und am ersten Adventwochenende der Böhmi-
sche Weihnachtsmarkt.

Zu Zeiten Friedrichs II. mangelte es an
Webern in Preußen, zumal das Militär immer
höhere Ansprüche stellte. So gab er selbst die
Order, nach einheitlichem Plan Siedlungshäu-
ser für die Weber zu errichten: Die Tür in der
Mitte, zwei Fenster auf jeder Seite, waren sie
für jeweils zwei Familien bestimmt. Auf einem
unfruchtbaren Stück Land wurde der Ort sehr
großzügig angelegt. Vor jedem Siedlungshaus
befand sich eine Wiese, auf der die gewebten
Tücher zum Bleichen ausgebreitet wurden.

❹ Die Karl-Liebknecht-Straße

Die Schornsteinfegergasse führt zur Karl-Liebknecht-Straße, der wichtigsten Einkaufsstraße
von Babelsberg. Sie bietet Vielfalt in jeder
Beziehung: in der Architektur, im Angebot in
den vielen kleineren Geschäften und im Ambiente der Gaststätten.

❺ Das Weberhaus Nr. 23

Das Weberhaus Nr. 23 beherbergt ein kleines
Museum, das die Geschichte der Weber von
Nowawes erläutert.

❻ Die Karl-Gruhl-Straße

In der Karl-Gruhl-Straße wurden in den letzten
Jahren die früheren Bleichwiesen vor den
Weberhäusern wiederhergestellt – ein besonders schönes Beispiel für die Pflege dieses
alten Siedlungskerns. Durch die Spindelstraße
gelangt man zur Straße Alt Nowawes. Auch
hier die facettenreich gemischte Bebauung:
Weberhäuser ducken sich neben Wohnhäusern
des 20. Jahrhunderts. Nur wenige Schritte sind
es zum Park Babelsberg.

Die Villenkolonie Neubabelsberg
Auf den Spuren von Mies van der Rohe

1871 wird nach drei Kriegen das Deutsche Reich gegründet und der preußische König zum deutschen Kaiser gekrönt. Für Deutschland beginnen die „Gründerjahre", eine Zeit des industriellen Aufschwungs und der Glücksritter. Ganz nahe am Sommersitz des Kaisers erwerben zwei Berliner ein großes Stück Land und parzellierten es.

Hier gab es keine Auflagen, was und wie gebaut werden durfte – allein der Geldbeutel entschied über Größe und Ausstattung der Häuser. Die Villenkolonie wuchs nur langsam. So wurde nach den Moden, aber auch den Möglichkeiten mehrerer Jahrzehnte gebaut. Prachtvolle Villen der Anfangsjahre wurden mehr und mehr durch zweckmäßige Bauten abgelöst. Vor allem nach dem Ersten Weltkrieg galt es, mit geringen Mitteln viel zu erreichen. Das war die Stunde junger und innovativer Architekten. Der bekannteste unter ihnen: Mies van der Rohe. Er lebte 1886 bis 1969 und gilt als einer der wichtigsten Bauhaus-Architekten. Er emigrierte 1938 in die USA und wurde Professor am Chicagoer „Illinois Institute of Technology".

Das **Haus Riehl** in der Spitzweggasse 3 entwarf van der Rohe im Alter von 20 Jahren. Es war seine erste Arbeit als Architekt. Von der Straßenseite wirkt das Haus klein und einfach. Was jedoch von hier aus nicht zu sehen ist: Am Hang erstreckt sich ein weiteres Stockwerk mit einer verglasten Loggia.

Das **Haus Urbig** in der Virchowstraße 23 entstand nach seinen Plänen 1915 bis 1917. Der strenge Klassizismus dieses Hauses erinnert an Karl Friedrich Schinkel. In diesem Haus residierten 1945 während der Potsdamer Konferenz die britischen Delegationsleiter Churchill und Attlee (siehe S. 97).

Das dritte Werk des großen Architekten steht in der Karl-Marx-Straße 29, das **Haus Mosler**. Es entstand 1924 bis 1926 ebenfalls in klassizistischer Linienführung, allerdings noch schmuckloser, strenger und nüchterner. Alle Gebäude befinden sich im Privatbesitz und sind nicht von innen zu besichtigen.

Tipp: Führungen durch die Villenkolonie im April bis Okt. jeden 1. und 3. Sonntag im Monat, Treffpunkt Bhf. Griebnitzsee 11 Uhr

Der Filmpark Babelsberg

🚌 **690**
Filmpark-Linie
Halt: *Filmpark*

RegionalExpress RE7
▶ **Potsdam**
Halt: *Medienstadt Babelsberg*

Die Caligari-Halle

Filmpark Babelsberg
April - Nov.
täglich 10–18 Uhr
Info-Hotline:
(0331) 721 27 50
www.filmpark-babelsberg.de

Das Tor zum Film ist für Sie die Marlene-Dietrich-Allee. Gleich am Anfang befinden sich die neuen Gebäude des Potsdamer Standorts vom Rundfunk Berlin Brandenburg (rbb). In einem Schwung führt die Allee zum futuristischen Neubau der Hochschule für Film und Fernsehen. Auf der anderen Straßenseite stehen Klassiker der Babelsberger Studios: das „Tonkreuz" für vier Tonfilmateliers und die heutige „Marlene-Dietrich-Halle". Daneben steht ein moderner Atelierbau, in dem u.a. „Gute Zeiten, schlechte Zeiten" produziert wird. Und dann gibt es da noch die zum Filmpark gehörende „Caligari-Halle", eine Reminiszenz an den expressionistischen Stummfilm „Das Kabinett des Dr. Caligari".

Ihr Fußweg führt jetzt zum Filmpark Babelsberg. Dieser besondere Teil der Medienstadt hat es sich zur Aufgabe gemacht, das Erlebnis Film einer breiten Öffentlichkeit nahezubringen. Die Traumfabrik ist hier buchstäblich zum Anfassen real. Der Haupteingang befindet sich an der Großbeerenstraße: Auf zum Film! Hier gibt es so viele fantastische Themenwelten, dass eine Auswahl schwer fällt: Mittelalterstadt, Burggarten,

Dschungelspielplatz, die orientalischen Gärten des Kleinen Muck.

Nicht zu übersehen ist der „Vulkan", in dem eine Stuntshow für Nervenkitzel sorgt. Eine Westernstraße gibt es hier, eine kleine Farm, in der Filmtiere trainiert werden, und sogar eine Filmtiershow. In der täuschend echten Kulisse eines U-Bootes findet eine Tauchfahrt in 80 Meter Tiefe statt.

Im Atelier der Traumwerker öffnen Kunstmaler, Stukkateure, Masken- und Kostümbildner ihre Trickkiste. Die Arbeit vor und hinter der Kamera wird im Fernsehstudio 1 gezeigt. Wer Mut hat, kann einen Flug auf Münchhausens Kanonenkugel wagen oder sich als Nachrichtensprecher, vielleicht auch als Wetterfee erproben. Waren Sie schon einmal in einem 4D-Actionkino? Hier gibt es wirklich Kino in einer neuen Dimension. Lassen Sie Ihren Besuch im Erlebnisrestaurant „Prinz Eisenherz" ausklingen.

Filmpark Babelsberg

barrierefrei außer
U-Boot und 4D-Kino

Metropolis Halle
Die Multifunktionshalle am Rand der Filmstadt ermöglicht Veranstaltungen mit 5.000 Besuchern.

Kinderwelten

Extavium Potsdam
Ein Experimentierlabor durch die Welt der Wissenschaft für Junge und Junggebliebene ist das Extavium Potsdam. DIE Adresse zum Staunen und Mitmachen hat ihre Räume in der Potsdamer Innenstadt bezogen. Das Labor wartet dort mit neuen Präsentationen spannender naturwissenschaftlicher Phänomene auf. So können die jungen Besucher testen, wie es sich anfühlt, wenn man von einer Luftdruckwelle getroffen wird, oder wie viel Kraft es kostet, mit einem Dynamo Strom zu erzeugen. Auch ein Küchenlabor gehört dazu. www.extavium.de

Extavium
Am Kanal 57
14467 Potsdam
Di – Fr 9 – 17 Uhr
Sa, So 10 – 17 Uhr
99, 93, 94, 692
Halt: Burgstr./Klinikum

Gläserne Bonbonfabrik und Werksverkauf 😊
Wetzlarer Str. 96–106
Mo–Fr 10–18 Uhr
Sa 10–16 Uhr (keine
Produktion) Eintritt frei

🚌 **690, 696**
Halt: *Katjes*

Katjes
Einen kleinen Fußweg oder zwei Busstationen von der Medienstadt Babelsberg entfernt wartet auf die ganze Familie eine spannende Entdeckung: Im Bonbonwerk von Katjes kann man zusehen, wie Leckereien produziert werden. Aus einem Gang im Obergeschoss lässt sich durch große Fenster der ganze Werdegang von Bonbons verfolgen. Im Werksverkauf von Katjes kann man die Süßigkeiten anschließend gleich tütenweise einpacken.

AbenteuerPark Potsdam
Der AbenteuerPark Potsdam bietet einen der größten und abwechslungsreichsten Kletterwälder Deutschlands mit einer Gesamtlänge von 1,7 Kilometern und 170 verschiedenen Elementen. Das Highlight der Anlage ist die 200 Meter lange Seilrutsche. Zwölf verschiedene Parcours, die auf 1 bis 12 Metern Höhe direkt in den Bäumen installiert sind, bieten einen Höhenflug für Körper und Geist. Alle sind nach dem neuesten Stand der Technik gesichert. Die ausgebildeten Parkranger weisen in das Anlegen von Komplettgurt und Helm sowie die Sicherungstechnik ein.

Das Waldbistro hält ein umfangreiches Angebot an Snacks und Getränken für Sie bereit. Von der großen Sonnenterrasse aus lassen sich die Kletterer hervorragend beobachten, auch wenn man selbst lieber unten bleibt.

AbenteuerPark Potsdam 😊
Albert-Einstein-Str. 49
14473 Potsdam
www.abenteuerpark.de

Ende Mai–Ende Aug. täglich 10–19 Uhr Außerhalb der Saison ist ein Besuch des AbenteuerParks Potsdam auf Anfrage möglich.

🚌 **691**
Halt: *Zum Telegrafenberg*

Fotos rechts: Heilandskirche in Sacrow, die Havel bei Caputh, die Inselstadt Werder

Die Umgebung Potsdams

Insel Potsdam und Havelseen

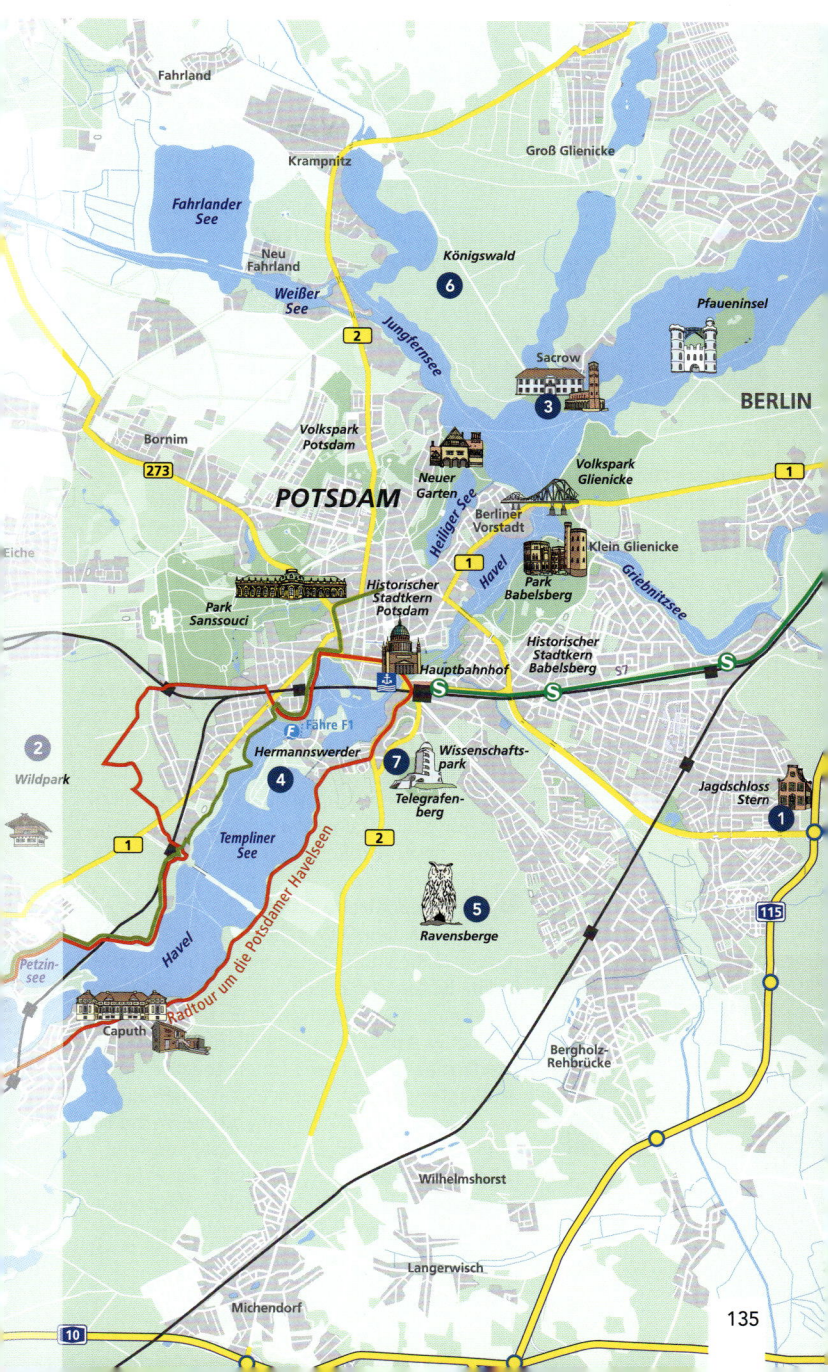

Ziele am Stadtrand

Tram 92, 96
Halt: *Gaußstr.*

BUS 695
Schlösser-Linie
Halt: *Werderscher Damm*

*Bei der **Pirschjagd** schleicht sich der Jäger an die Beute heran und tötet sie unmittelbar.*

*Bei der **Parforce-Jagd** hetzen Reiter und Hunde die Jagdbeute so lange, bis sie völlig erschöpft ist.*

BUS 697
Halt: *Schloss Sacrow*

Schloss Sacrow

Heilandskirche

① Das Jagdschloss Stern

Am östlichen Rand von Potsdam steht ein eher bescheidenes rotes Backsteinhaus im holländischen Stil. Weder Größe noch Aussehen deuten auf ein Schloss hin. Neben einem Saal enthält es nur noch eine kleine Küche und einen Schlafraum. Und trotzdem war es für den sparsamen „Soldatenkönig" der einzige Bau, den er sich in Potsdam gönnte. Dort, wo sich in seinem Jagdrevier Parforceheide 16 Waldwege trafen, ließ er 1730 – 1733 sein „Jagdschloss Stern" errichten. (Besichtigung nur nach Voranmeldung, im Rahmen von Sonderveranstaltungen geöffnet, www.jagdschloss-stern.de)

② Der Wildpark

Am westlichen Ende Potsdams befindet sich ebenfalls ein ausgedehntes Waldgebiet, das zur Zeit des „Soldatenkönigs" für die Pirschjagd diente – die Pirschheide. Ein Teil dieses Reviers wurde zur Zeit Friedrich Wilhelms IV. eingezäunt. Rehe und Hirsche wurden hier ausgesetzt. Mitten hinein ließ er zur Freude seiner Gemahlin Elisabeth, einer bayrischen Prinzessin, ein hölzernes Haus im Alpenstil errichten. Es verleiht heute dem einzigen 5-Sterne-Hotel Potsdams sein besonderes Flair. Die Förstereien an den Eingängen zu diesem „Wildpark" entstanden im Stil italienischer Landhäuser, eine ist heute ein Restaurant.

③ Park und Kirche Sacrow

Der von P.J. Lenné gestaltete Sacrower Schlosspark und die von L. Persius erbaute **Heilandskirche** bilden den nördlichen Abschluss der Potsdamer Kulturlandschaft. Es ist ein unvergesslicher Anblick, wenn sich die auf einer Landzunge in die Havel hineingebaute Kirche im Wasser spiegelt. Der separat stehende Campanile erinnert stark an italienische Vorbilder. Ein kleiner Spaziergang am Wasser entlang führt zum Sacrower Schlosspark. Er wartet mit verträumten Winkeln und uralten Bäumen auf. Das Schloss mit der klassizistischen Fassade kann nicht besichtigt werden.

❹ Hermannswerder

Ein kleiner, kaum sichtbarer Graben macht Hermannswerder zu Potsdams größter Insel. Die Innenstadt in Sichtweite, lebt man hier abseits des städtischen Trubels und genießt verblüffende Ausblicke auf Potsdam und die Havel. Die Insel erreicht man am einfachsten mit der Fähre von der Anlegestelle *Auf dem Kiewitt*.

Strandbar Potsdam mit Blick nach Hermannswerder

 1
Anleger Fähre:
Hermannswerder
🚌 **694**
Halt: *Küsselstr.*

❺ Die Ravensberge

Zwischen der „Waldstadt" und Caputh erstreckt sich das Waldgebiet Ravensberge. Die höchsten Erhebungen sind der Kleine (114 m) und der Große (108 m) Ravensberg. Ein ausgedehntes Wegesystem führt zu vielen Wanderzielen, wie dem Teufelssee, wo im Frühjahr tausende Kröten laichen, dem Moorgebiet Moosfenn und dem Waldhaus Großer Ravensberg. Dort lernen Kinder und Jugendliche, die Natur besser zu verstehen. Highlight ist die Flugschau der Greifvögel in der Falknerei. Für längere Aufenthalte bietet das Waldhaus Übernachtungsmöglichkeiten Tel. (0331) 270 76 87.

🚊 **91, 93**
Halt: *Am Moosfenn oder Bhf Rehbrücke*

„Willi" aus der Falknerei

❻ Der Königswald

Zwischen Sacrower See und Lehnitzsee erstreckt sich ein Naturschutzgebiet, das zum Teil zwischen 1961 und 1989 zum unzugänglichen Grenzgebiet gehörte. So konnte sich hier ein Biotop mit Brut- und Winterraststätten für viele Wasservogelarten entwickeln. Vom Schlosspark Sacrow führt ein ausgeschilderter Weg (ca. 1,6 km) zur Römerschanze, den Überresten einer großen Ringwall-Anlage aus der Bronzezeit, die mehrere Häuser schützte. Das Wasser des Sacrower Sees ist sauber und klar; an der Ostseite befindet sich eine Badestelle.

🚌 **697**
Halt: *Sacrower See*

BUS 691
Halt: *Telegrafenberg*

Einsteinturm

Nullpunkt: Helmertturm

7 Der Wissenschaftspark

Das **1 Alfred-Wegener-Institut** für Polar- und Meeresforschung koordinierte Südpolar-Expeditionen sowie die Erforschung der Arktis. Der Hauptsitz des **2 GeoForschungsZentrums** wurde 1998 eingeweiht. Hier werden u.a. die Ursachen von Erdbeben erforscht. Das 2005 vor der Küste Indonesiens installierte Tsunami-Frühwarnsystem wurde hier entwickelt.

In einem der historischen Gebäude hat sich die **3 Klimafolgenforschung** niedergelassen. Nebenan befindet sich die „**Wetterküche**", ein kleines Museum der Meteorologie (nach Anmeldung zu besichtigen). Bereits seit 1893 werden auf der **4 Messwiese** meteorologische Daten erfasst. Die dabei entstandene Messreihe A ist die längste der Welt.

Was an einen antiken Tempel erinnert, ist ein **5 Haus ohne eisenhaltige Baustoffe**, in dem das Magnetfeld der Erde gemessen wird. Mit dem **6 Michelson-Haus** begann die Wissenschaftsgeschichte auf dem Telegrafenberg. Heute dient nur noch eine von dessen drei Kuppeln der Himmelsbeobachtung. Im Untergeschoss befindet sich der Hochleistungsrechner des Potsdam-Instituts für Klimafolgenforschung.

Der **7 Große Refraktor** ist ein herausragendes Astronomiedenkmal. Der **8 Einsteinturm** – siehe nebenstehende Seite. Der **9 Helmert-Turm** diente zur Vermessung von Erde und Weltall. Er war der Nullpunkt der Preußischen Landvermessung und ging 1950 als gesamtdeutscher Nullpunkt in das europäische Koordinatensystem ein. Der Urania Potsdam e. V. veranstaltet Führungen durch den Einsteinturm einmal im Monat. Termine und Anmeldung unter Tel. (0331) 29 17 41.

Der Einsteinturm

Der Erste Weltkrieg ist gerade zu Ende und der junge Architekt Erich Mendelsohn träumt von seinem ersten Auftrag. In ein Skizzenheft zeichnet er mit lockerer Hand Fantasiebauten – schwungvoll, elegant und unkonventionell. Mit dem Eisenbeton ist gerade eine Bauweise entwickelt worden, die noch nie dagewesene Formen in der Architektur möglich macht. Zur gleichen Zeit grübelt der Astrophysiker Erwin Freundlich über eine Versuchsanordnung, mit der er einen wichtigen Baustein zum praktischen Nachweis der Einsteinschen Relativitätstheorie erforschen kann – die Rotverschiebung der Spektrallinien im Gravitationsfeld der Sonne. Der Architekt und der Physiker haben einmal gemeinsam musiziert, und nun suchen sie gemeinsam eine Lösung des physikalischen Problems. Das Ergebnis wird als Symbol der Moderne in die Architekturgeschichte eingehen: der Einsteinturm.

An dieser Stelle soll zwei Irrtümern vorgebeugt werden. Erstens, Albert Einstein, der Nobelpreisträger für Physik, hat hier selbst nie gearbeitet. Zweitens, der Turm ist nicht aus Beton gegossen, auch wenn seine geschwungenen Formen das vermuten lassen. Es haperte beim Bau noch mit der praktischen Bewältigung der Stahlbeton-Bauweise. Schließlich wurde der Turm gemauert und mit einer dicken Putzschicht versehen. Der Einsteinturm blieb ein bauliches Sorgenkind. Durchschnittlich alle zehn Jahre muss er saniert werden. Während des Bombardements 1945 wurde er beschädigt, seine Geräte blieben jedoch intakt. So konnten bereits ein halbes Jahr nach Kriegsende die Sonnenbeobachtungen wieder aufgenommen werden. Die Väter des Einsteinturms waren bereits Jahre zuvor wegen ihrer jüdischen Herkunft gezwungen, Deutschland zu verlassen.

Trotz zahlreicher Unterbrechungen ist der Einsteinturm seit rund 75 Jahren ein funktionierendes Sonnenobservatorium. Von außen nicht sichtbar, besteht es aus zwei Hauptteilen: das vertikale Teleskop im Turm und der horizontale Lichtkanal in den unterirdischen Laborräumen, dazwischen ein Spiegel, der das Licht umlenkt. Mit Hilfe dieses Observatoriums werden Informationen über unser Zentralgestirn wie Temperatur, Druck, Magnetfelder usw. gewonnen. Vom Einsteinturm aus gelang es erstmals, die Temperatur der Sonne festzustellen.

Von Maulbeer- und anderen Bäumen

Autor Claas Fischer bringt 33 Potsdamer Bäume dazu, ihre Geschichte zu erzählen. Herausgekommen ist eine Zeitreise durch 800 Jahre Potsdamer Stadthistorie aus der Sicht alltäglicher und exotischer Gehölze.

Lesetipp:
Claas Fischer,
„Potsdam. Begegnungen mit Bäumen"
33 markante Bäume erzählen Potsdams Geschichte.
144 Seiten, viele Fotos und Übersichtskarten,
19,80 Euro.

Baumwanderungen durch Potsdam
www.natuerlich-stimmig.de

Auszug: Als sein kinderloser Bruder 1840 zum König gekrönt wurde und ihn zu seinem Thronfolger bestimmte, konnte sich der Prinz Wilhelm einen Ausbau seiner Residenz leisten. Heroisch ragte 1849 schließlich eine trutzige Burganlage über den Havelseen empor. Mit unregelmäßigem Grundriss, verwinkelten Gebäudeteilen, eckigen und runden Türmen und unterschiedlichen Fensterformen fügte sie sich zwar wild-romantisch in die Natur ein, sprengte aber unverhohlen die symmetrische Norm der damaligen Potsdamer Schlösserwelt.

Von starken Akzenten lebt auch der dem Schloss vorgelagerte Pleasureground des Gartenarchitekten Fürst Hermann von Pückler-Muskau. Umgeben von englischem Rasen, Teppichbeeten und einer mit Wildem Wein berankten Laube entfaltet sich ein düsteres, exotisches Gehölz mit drei kräftigen, rotbraunen Stämmen: eine Sawara-Scheinzypresse.

Potsdam.
Der illustrierte Stadtführer

Serviceseiten

⌂ Übernachten

Rund 4.000 Betten in Hotels, Pensionen und Jugendherbergen, dazu zahlreiche Privatquartiere und Ferienwohnungen sowie ein Campingplatz bietet Potsdam. Die meisten von ihnen wurden in den letzten Jahren neu gebaut oder vollständig rekonstruiert.
Hier finden Sie eine Auswahl von Hotels in Potsdam, sortiert nach Preis für eine Übernachtung für zwei Personen im Doppelzimmer.

DZ zwei Personen **ab 90 Euro**
MiniStadtPlan oder Übersichtskarte
Umschlagseite hinten (Ü)

❶ Romantik Hotel Am Jägertor (H13)
Hegelallee 11, 14467 Potsdam
Tel. (0331) 201 11 00

❷ avendi Hotel
am Griebnitzsee, Potsdam (Ü)
Rudolf-Breitscheid-Str. 190–192
14482 Potsdam, Tel. (0331) 709 10

❸ Inselhotel Potsdam-
Hermannswerder (Ü)
Hermannswerder 30, 14473 Potsdam
Tel. (0331) 232 00

❹ Landhotel Potsdam (Ü)
Reiherbergstraße 33
14476 Potsdam, (0331) 601 190

❺ Hotel Brandenburger Tor (G13)
Brandenburger Str. 1, 14467 Potsdam
Tel. (0331) 877 00 000

❻ Hotel am Waisenhaus (G13)
Lindenstraße 28/29, 14467 Potsdam
Tel. (0331) 60 10 780

DZ zwei Personen **ab 70 Euro**

❼ arcona, Hotel am Havelufer (F11)
Zeppelinstr. 136, 14471 Potsdam
Tel. (0331) 981 50

❽ Hotel Villa Monte Vino (H12)
Gregor-Mendel-Str. 27
14469 Potsdam, Tel. (0331) 201 33 39

❾ Dorint Hotel
Sanssouci Berlin Potsdam (I13)
Jägerallee 20, 14469 Potsdam
Tel. (0331) 27 40

❿ Wyndham Garden
Potsdam Hotel (F10)
Forststr. 80, 14471 Potsdam
Tel. (0331) 981 20

⓫ Apartmenthaus
Kaiser Friedrich (Ü)
Kaiser-Friedrich-Str. 115
14469 Potsdam, Tel. (0331) 620 78 23

⓬ Schiffspension Luise (I15)
Berliner Str. 58, 14467 Potsdam
Tel. (0331) 24 02 22

⓭ Steigenberger Hotel
Sanssouci Potsdam (G12)
Allee nach Sanssouci 1
14471 Potsdam
Tel. (0331) 90 91 0

⓮ Pension auf dem Kiewitt (F12)
Auf dem Kiewitt 8, 14471 Potsdam
Tel. (0331) 90 36 78

⓯ Hotel Mercure Potsdam (G14)
Lange Brücke, 14467 Potsdam
Tel. (0331) 27 22

⓰ Hotel**** am Luisenplatz (G13)
Luisenplatz 5, 14471 Potsdam
Tel. (0331) 97 19 00

Weitere Informationen und Vorbestellmöglichkeit unter:
www.potsdam-portal.net oder www.potsdamtourismus.de

⑰ Kongresshotel Potsdam am Templiner See*** (Ü)
Am Luftschiffhafen 1
14471 Potsdam, Tel. (0331) 90 70

⑱ Hotel zum Hofmaler (H14)
Gutenbergstraße 73, 14467 Potsdam
Tel. (0331) 730 760

⑲ Hotel Ambassador (Ü)
Lessingstr. 35, 14482 Potsdam
Tel. (0331) 58 39 31 38

⑳ Hotel Froschkasten (G13)
Kiezstr. 3–4, 14467 Potsdam
Tel. (0331) 29 13 15

㉑ Filmhotel & Restaurant „Lili Marleen" (F17)
Großbeerenstr. 75, 14482 Potsdam
Tel. (0331) 74 32 00

㉒ Am Katharinenholz***Hotel Garni (J10)
Amundsenstraße 24d
14468 Potsdam
Tel. (0331) 24 34 80 40

DZ zwei Personen **ab 50 Euro**

㉓ NH Voltaire Potsdam (H13)
Friedrich-Ebert-Str. 88
14467 Potsdam, Tel. (0331) 231 70

㉔ Apart**** Pension Babelsberg (Ü)
August-Bier-Str. 9, 14482 Potsdam
Tel. (0331) 74 75 70

㉕ Apart*** Hotel Vivaldi (G16)
K.-Liebknecht-Str. 24, 14482 Potdam
Tel. (0331) 74 90 60

㉖ Anno 1900 Hotel Babelsberg (Ü)
Stahnsdorfer Str. 68, 14482 Potsdam
Tel. (0331) 74 90 10

㉗ Schlossgarten Hotel (F10)
Geschwister-Scholl-Str. 41a
14471 Potsdam
Tel. (0331) 971 700

㉘ Apartmentpension Am Krongut (J10)
Potsdamer Str. 46, 14469 Potsdam
Tel. (0331) 50 54 985

DZ zwei Personen **ab 30 Euro**

㉙ Ascot Bristol Potsdam (Ü)
Asta-Nielsen Straße 2
14480 Potsdam, Tel. (0331) 669 10

㉚ Apartment- und Zimmervermietung am Park
Charlottenstr. 89, 14467 Potsdam
Tel. (0331) 58 54 070

㉛ Apartments Babelsberg
Rosenstr. 51, 14482 Potsdam
Tel. (0331) 23 54 040

㉜ Gästehaus Urban (G13)
Charlottenstr. 97, Gutenbergstr. 13
14467 Potsdam
Tel. (0331) 58 54 484

DZ zwei Personen **unter 30 Euro**

㉝ Hochland Seminar- und Gästehaus (H14)
Holzmarktstr. 12, 14467 Potsdam
Tel. (0331) 270 08 35

㉞ Jugendherberge Potsdam – Haus der Jugend (F16)
Schulstr. 9, 14482 Potsdam
Tel. (0331) 58 13 100

㉟ Campingpark Sanssouci zu Potsdam/Berlin (Ü)
An der Pirschheide 41, 14471
Potsdam, Tel. (0331) 951 09 88

Weitere Informationen und Vorbestellmöglichkeit unter:
www.potsdam.de oder www.hotels-potsdam.de

Mit dem Flugzeug

Solange der Großflughafen Berlin-Brandenburg BER noch nicht eröffnet ist, werden die bisherigen Berliner Flughäfen Tegel und Schönefeld genutzt. Sie befinden sich maximal eine Stunde Fahrzeit von Potsdam entfernt. **Tegel:** Mit dem Flughafenbus zum Bahnhof Zoologischer Garten und von dort weiter mit dem Regional-Express oder der S-Bahn. **Schönefeld:** Mit der RegionalBahn direkt nach Potsdam. Auch der neue Flughafen **BER** ist mit der Regionalbahn direkt mit Potsdam verbunden.

Mit der Bahn

An fünf Bahnhöfen der Potsdamer Innenstadt und weiteren vier in den Außengemeinden halten Züge des Regionalverkehrs. Am Hauptbahnhof halten außerdem Intercity-Züge. Der RegionalExpress RE 1 verbindet jede halbe Stunde Potsdam mit Bahnhöfen der Berliner City.

Im Nahverkehr

Von Berlin aus erreicht man Potsdam bequem mit der S-Bahn. Sie hält hier an drei Bahnhöfen und fährt tagsüber alle 10 Minuten.

Mit dem Auto

Potsdam liegt innerhalb der Autobahn A10 „Berliner Ring". Die Autobahn A115 verbindet Potsdam und Berlin. Durch Potsdam führen die Bundesstraßen 1, 2 und 273.

Aktuelle Infos über Staus, Baustellen und die Belegung der Parkhäuser: www.mobil-potsdam.de

Parkhäuser (Auswahl):
· in der WilhelmGalerie am Platz der Einheit
· unter dem Luisenplatz
· Hegelallee, nahe Nauener Tor
· am Kutschstall, W.-Seelenbinder-Str.
· zwei Parkhäuser im Hauptbahnhof

Mit dem Boot

Yachthafen Potsdam
Bei km 23, gegenüber der Insel Hermannswerder, Liegeplätze bis 18 m, Stromanschluss und Frischwasser.
Kastanienallee 22c,
Tel. (0331) 97 47 29
www.yachthafenpotsdam.de

Marina Am Tiefen See
direkt am Hans Otto Theater mit Liegeplätzen von 6 bis 20 Metern, Stromanschluss und Frischwasser, Fahrradverleih
Schiffbauergasse 8,
Tel. (0331) 817 06 17

Weitere Anlegeplätze:
· km 20,3; linkes Havelufer Templiner Str., 14473 Potsdam
· km 23,7; linkes Havelufer Tornowstr. 1, 14473 Potsdam
· km 24,1; rechtes Havelufer Auf d. Kiewitt 30, 14471 Potsdam
· km 26,3; Neustädter Havelbucht Zeppelinstr. 175, 14471 Potsdam
· km 26,8; rechtes Havelufer Berliner Str. 26/27, 14467 Potsdam

Taxi

Taxiruf (0331) 29 29 29
www.taxi-potsdam.de
Kostenlose App unter:
www.m.taxi4me.net/potsdam

Interaktiver Stadtplan: www.swp-potsdam.de/Karte
Informieren Sie sich über die Anfahrt zu den Potsdamer Sehenswürdigkeiten mit touristischen Bus- und Tramlinien.

Potsdamer Nahverkehr

Potsdam gehört zum Tarifgebiet „Berlin C" des Verkehrsverbundes Berlin-Brandenburg. Das bedeutet: In Berlin gelöste Fahrscheine für den Bereich „Berlin ABC" gelten auch in Potsdam – und umgekehrt.

Die Potsdam-Berlin Card ABC

Sie bietet wahlweise für 48 oder 72 Stunden bzw. 5 aufeinanderfolgende Tage freie Tram- und Busfahrt in Potsdam und Berlin und enthält Rabatte bei touristischen Highlights. Sie ist erhältlich in den Kundenzentren des Verkehrsbetriebes Potsdam, in den Tourist-Informationen sowie in Hotels.

Potsdam besitzt auch einen eigenen Binnentarif (Potsdam AB):

· Kurzstreckenfahrschein für 6 Haltestellen
· Einzelfahrt (gilt eine Stunde im Tarifgebiet Potsdam AB)
· Tageskarte für beliebig viele Fahrten bis 3 Uhr des Folgetages.
· Kleingruppen-Tageskarte für bis zu 5 Personen bis 3 Uhr des Folgetages

Fahrscheine gibt es zu kaufen in Fahrzeugen (entwertet):

· in Straßenbahnen am Automat im mittleren Bereich jedes Wagens
· in Bussen am Automat gegenüber der zweiten Tür
in Kundenzentren und Agenturen (noch nicht entwertet):
· Südausgang des Hauptbahnhofes
· WilhelmGalerie, Platz der Einheit
· in über 20 Verkaufsagenturen
im Internet: www.vip-potsdam.de
Kundentelefon: (0331) 661 42 75

Nachtlinien

Für **Mobilität in der Nacht** sorgen – von Taxis abgesehen – Nachtbusse, die zwischen 1 und 5 Uhr einmal in der Stunde fahren. Die Linie N16

verbindet die Potsdamer City mit dem Berliner S-Bahnhof Nikolassee, wo Umsteigemöglichkeiten zum Berliner Verkehrsnetz bestehen. Zwischen Berlin und Potsdam fahren in den Wochenendnächten auch Züge des Regionalverkehrs und der S-Bahn. An Wochentagen fahren zwischen 1 und 4 Uhr keine Züge.

barrierefrei durch Potsdam

Die Stiftung Preußische Schlösser und Gärten bietet Sonderführungen für Seh- und Mobilitätsbehinderte, Tel. (0331) 969 41 94.
Die Besucherzentren an der Historischen Mühle und am Neuen Palais sind barrierefrei erreichbar. Die Fahrgastschiffe „MS Paretz" und „Sanssouci" der Weissen Flotte verfügen über mehrere Rollstuhlplätze. Auch der Hauptbahnhof ist barrierefrei. Zahlreiche Tram-Haltestellen sind behindertengerecht ausgebaut und durch Piktogramm am Haltestellenschild gekennzeichnet. Der Verkehrsbetrieb setzt im innerstädtischen Verkehr an den Wochenenden ausschließlich Busse und Straßenbahnen mit Niederflurtechnik ein. Die Busflotte besteht zu 100% aus Niederflur-Fahrzeugen. An der zweiten Tür befinden sich Rampen für Rollstuhlfahrer, die vom Fahrer bedient werden. Ein Mobilitätsfahrplan ist unter swp-potsdam.de abrufbar.

Das Hotel ASCOT-BRISTOL verfügt über 35 barrierefrei eingerichtete Zimmer.
(siehe Seite 141)

· Notdienst Tel. 116 117
· Rollitaxi von A. Harry Kortschlag Tel. (0331) 270 77 77

Allg. Behindertenverband Potsdam e.V.
Zum Teufelssee 30, 14478 Potsdam
Tel. (0331) 583 85 79

Stadterkundungen

Tourist-Informationen

· **Am Luisenplatz** ♿
Luisenplatz 3, Allee nach Sanssouci
April–Okt. Mo–Sa 9.30–18 Uhr,
So/Feiertage 10–16 Uhr;
Nov.–März Mo–Sa 9.30–18 Uhr
· **Hauptbahnhof Potsdam** ♿
Babelsberger Str. 16
(am Zugang zu Gleis 6)
Mo–Sa 9.30–18 Uhr

· **Am Alten Markt** ♿
Humboldtstr. 2
Mo–Sa 9.30–19 Uhr,
So/Feiertage 10–16 Uhr
Gültig für alle Standorte
Heiligabend/Silvester 9.30–14 Uhr
Telefonisches Service Center
Tel. (0331) 27 55 88 99
www.potsdamtourismus.de

Besucherzentren der Stiftung Preußische Schlösser und Gärten

· **an der Historischen Mühle** ♿
An der Orangerie 1
Tel. (0331) 96 94 200
April–Okt. Di–So 8.30–17.30 Uhr,
Nov.–März Di–So 8.30–16.30 Uhr

· **am Neuen Palais** ♿
Am Neuen Palais, 14414 Potsdam
Tel. (0331) 601 299 30
April–Okt. Mi–Mo 9–18 Uhr,
Nov.–März Mi–Mo 10–17 Uhr

Stadtrundfahrten, Rundgänge, Schifffahrt

Stadtrundgänge:
· **Altstadtrundgang**
Historische Altstadt Potsdams
April-Okt. täglich, 15 Uhr, Nov-März
jeden Sa, 14 Uhr, Dauer: 2 Stunden
· **Historische Mitte**
Der alte Markt und der Landtag
April-Okt. jeden Mo, 10 Uhr (Füh-
rungen abhängig vom Sitz des
Landtages), Dauer: 2 Stunden
Tel. (0331) 27 55 88 99
www.potsdamtourismus.de

Potsdam Sanssouci Tour
Stadtrundfahrt mit Besichtigung
Schloss Sanssouci oder Neues Palais
April–Okt. Mo–So, Nov.–März Sa/So
Zustiege: Luisenplatz 11.00 Uhr,
Hauptbahnhof 11.10 Uhr
Dauer: ca. 3,5 Stunden ♿
Infos und Reservierungen unter
AC Busreisen, Tel. (033208) 216 56

Das Potsdamer Wassertaxi
der Weissen Flotte ergänzt mit
13 Anlegern das Linienangebot.
Es befördert auch Fahrräder.
www.potsdamer-wassertaxi.de

Rundfahrten ab Hauptbahnhof
Am Nordausgang des Hauptbahn-
hofs warten mehrere Anbieter von
Stadtrundfahrten mit meist auffäl-
ligen Fahrzeugen auf Gäste:
· Kaiser Tour Potsdam
Doppeldecker- oder Oldtimerbus
Abfahrten täglich 12 und 13 Uhr
· Potsdam City Tour, ca. 2 Stunden
Doppeldeckerbus – hop on/hop off
10.10–15.40 Uhr alle 30 Minuten
· Stadt- und Schlösserrundfahrt
„Alter Fritz", 3 Abfahrten täglich,
ca. 3 Stunden, Reservierung täglich
bis 9.30 Uhr, Tel. (0331) 97 43 76

„Schlössertour"auf dem Wasser
Eine besonders eindrucksvolle
Stadtrundfahrt ist die 90-minütige
„Schlössertour" auf dem Wasser. ♿
In der warmen Jahreszeit jede
Stunde ab Lange Brücke. Zudem
lassen sich täglich die Havelseen
und der Wannsee bei einer Rund-
fahrt erkunden (2–4 Stunden).
Infos unter Tel. (0331) 275 92 10
www.schifffahrt-in-potsdam.de

Kino

• **Kino im Filmmuseum Potsdam** ♿
Breite Str. 1a
www.filmmuseum-potsdam.de
• **Thalia** ♿
Rudolf-Breitscheid-Str. 50
http://www.thalia-potsdam.de
• **UCI Kinowelt Potsdam** ♿
Babelsberger Str. 10
Bahnhofspassagen
http://www.uci-kinowelt.de

Bühne

Das **Hans Otto Theater** (HOT) widmet sich einem Schauspiel-Repertoire von klassisch bis zeitgenössisch und verfügt über ein Kinder- und Jugendtheater. Gespielt wird auf mehreren Bühnen im Erlebnisquartier Schiffbauergasse: im Neuen Theater, in einer ehemaligen Reithalle und open air im Gasometer. Der Theatersaal im Neubau des HOT bietet bis zu 469 Zuschauern Platz. ♿
Kartentelefon: (0331) 981 18

Der **Nikolaisaal** ist Potsdams Konzert- und Veranstaltungshaus mitten in der Innenstadt, Wilhelm-Staab-Str. 10–11. Hinter barocken Fassaden verbirgt sich ein moderner Saal. Eine Besonderheit sind Crossover-Konzerte. Das Hausorchester ist die Kammerakademie Potsdam. Zu den Gästen gehört das Filmorchester Potsdam (S. 64).
Tel. (0331) 288 88 28 ♿

Im Juni jeden Jahres bauen die **Musikfestspiele Potsdam** die Brücke zwischen Landschaft, Architektur, Musik, Ballett und Literatur. Einen Monat lang wird an Spielorten inmitten der Weltkulturerbestätten hochkarätige Kunst geboten.
Musikfestspiele Potsdam Sanssouci
Tel. (0331) 28 888 28
www.musikfestspiele-potsdam.de

Das **Kabarett „Obelisk"** in der Charlottenstr. 31 zeigt es: So lacht Preußen. Gespielt wird in einem Haus aus der friderizianischen Zeit.

Das **„Theaterschiff Potsdam"** liegt am Ufer des Erlebnisstandortes Schiffbauergasse und bietet Musik, Theater und Hörspielabende.

Das **„T-Werk"** – ebenfalls an der Schiffbauergasse – verfolgt ein generationsübergreifendes Konzept und bietet Theater, Konzerte und Lesungen. Höhepunkte sind u. a. das Internationale Theaterfestival UNIDRAM und die Potsdamer Märchennacht.
Tel. (0331) 71 91 39

Die **„fabrik Potsdam"** im Erlebnisquartier Schiffbauergasse ist ein Tanztheater auf höchstem Niveau. Die „Tanztage Potsdam" mit internationaler Beteiligung haben inzwischen Tradition. ♿
Kartentelefon: (0331) 24 09 23

Das **„Poetenpack"** ist eine freie Theatergruppe, die in Potsdam das T-Werk und die Französische Kirche als Spielstätten nutzt.
Kartentelefon (0331) 979 12 91

Zwei über die Stadtgrenzen hinaus bekannte **Szenetreffs** sind:
• **Waschhaus e.V.** ♿
Schiffbauergasse 6
Tel. (0331) 27 15 60
• **Lindenpark e.V.** ♿
Stahnsdorfer Str. 76 78
Tel. (0331)74 79 70

Seit Potsdam eine eigene **Spielbank** besitzt, kann bis 3 Uhr nachts an den zehn Spieltischen das Glück herausgefordert werden. Auch das Automatenspiel hat hier schon manchen reich oder arm gemacht (S. 70).
Tel. (0331) 645 60

Die *schönsten* Radreisen in Berlin und Brandenburg

Unsere aktuellen Angebote:

- Fontane-Rad-Rundtour
- Geführte Radtouren durch das Havelland
- Havelland-Rundtour
- Sterntouren Havelland, Potsdam, Berlin
- Rund um Berlin in 5 Etappen
- Märkische Landpartie: Havel, Oder, Spree, Berlin
- Havelradweg vom Mittellauf bis zur Mündung

Tourenbeispiel: Sterntour zu den Schlössern der Hohenzollern

Erleben Sie jeden Tag ein anderes Schloss von Dallgow aus.
inklusive: 6 Übernachtungen mit Frühstück,
Radwanderkarten mit eingezeichneten Tagestouren
und leihweise ein Outdoor GPS-Gerät, sowie eine
Muskellockerungsmassage und das Sorglospaket
Zusätzlich buchbare Leistungen möglich.

- Charlottenburg-Tour (40 km)
- Sanssouci-Tour (40 km)
- Tour zum Neuen Garten (32 km)
- Babelsberg-Tour (42 km)
- Paretz-Tour (69 km)
- Oranien-Tour (52 km)

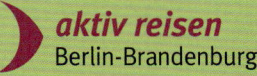

aktiv reisen
Berlin-Brandenburg

Kostenfreier Katalog und weitere Informationen:
www.aktiv-reisen-bb.de, Tel. (033 22) 256 14

Mit dem Fahrrad unterwegs

Viel spricht dafür, Potsdam mit dem Fahrrad zu entdecken: Die Sehenswürdigkeiten Potsdams erstrecken sich über eine Fläche, die gut mit dem Fahrrad zu erkunden ist. Die geringen Höhenunterschiede machen das Radfahren auch für Ungeübte zu einem Vergnügen.

Unser Tipp: potsdam per pedales
Der Bahnhof Griebnitzsee ist idealer Ausgangspunkt für Rad- und Paddelboot-Touren durch Potsdam. **„potsdam per pedales"** im Bahnhof Griebnitzsee bietet die nötige Ausrüstung, eine Fahrradwerkstatt, Bootsequipment und Kurse. An Potsdams Fahrradparkhaus im Hauptbahnhof steht **„potsdam per pedales"** ebenfalls dem Radler kompetent zur Seite mit Verleih, Werkstatt und Tourentreffpunkt. Jeden Samstag von April bis September startet 10.30 Uhr die **„Tour Potsdam Royal"** zu Potsdamer Highlights vom Hauptbahnhof an der Babelsberger Straße.
potsdam per pedales
Tel. (0331) 748 00 57
www.pedales.de
· Hauptbahnhof/Fahrradparkhaus:
  Babelsberger Str.
  Mo–Fr 7–20 Uhr, Sa 10–20 Uhr,
  So von April–Oktober 10-20 Uhr
· Griebnitzsee:
  Rudolf-Breitscheid-Str. 201
  Karfreitag bis 31. Oktober
  Mo–Fr 9–18.30 Uhr, Sa/So 9–19 Uhr

CityRad
Radverleih in der Nähe des Hauptbahnhofs (Ausgang Süd)
Heinrich-Mann-Allee 7
Tel.   (0331) 270 62 10 oder
Mobil (0177) 825 47 46
1. März bis 30. November
Mo–Fr   9.30 – 19 Uhr
Sa, So und feiertags   9.30 – 20 Uhr

PotsdamRad
Der Verkehrsbetrieb in Potsdam (ViP) bietet in Kooperation mit nextbike eine automatisierte Fahrradausleihe an. An etwa 20 Ausleihstationen können die Räder ausgeliehen oder wieder abgegeben werden. Anmeldung unter www.nextbike.de oder Tel. (030) 69205046.

Biketaxi
Hier werden bequeme Fahrrad-Taxis mit Überdachung und fachkundigen Führungen angeboten.
An der Einsiedelei 6, 14469 Potsdam
Tel. (0331) 201 04 18
www.biketaxi.de
Mitte April bis Mitte Oktober
täglich   12 – 18 Uhr

Radfahren im Welterbe

Radfahrer müssen sich in den historischen Parks auf Einschränkungen einstellen. Im Grundsatz ist es verboten, Fahrräder mitzuführen, d.h. weder Fahren, noch Schieben sind erlaubt. Es gelten Ausnahmen:
· im **Park Sanssouci** der asphaltierte Ökonomieweg vom Grünen Gitter zum Neuen Palais, die Verbindung vom Ökonomieweg zur Lennéstraße (Kuhtor), die Verbindung vom Nord- zum Südtor am Neuen Palais;
· im **Neuen Garten** der asphaltierte Ökonomieweg vom Haupteingang zur Meierei und die Verbindung zum Schloss Cecilienhof sowie der Uferweg am Jungfernsee von der Schwanenallee bis zur Meierei;
· im **Park Babelsberg** der Ökonomieweg vom Eingang Mühlentor bis zur Parkbrücke am Teltowkanal, einschließlich der Wege zum Strandbad sowie der Uferweg vom Havelhaus zum Pförtnerhaus II (Alt-Nowawes).

Kommunikation

Telefonvorwahl: +49 (0) 331
offizielle Webseite: potsdam.de
Hauptpostamt, Platz der Einheit ♿
Montag–Freitag   9–18.30 Uhr
Samstag   9–13 Uhr
Weitere Postämter befinden sich u.a.
in der Zeppelinstraße 132 und in der
Karl-Liebknecht-Straße 138.

Tageszeitungen mit Lokalteil:
Märkische Allgemeine Zeitung
Potsdamer Neueste Nachrichten
monatlich kostenlos:
„events"– das Stadtmagazin

Internet-Cafés:
World Coffee in den Bahnhofs-
passagen; Bagels & Coffee,
Friedrich-Ebert-Str. 92; Starbucks,
Brandenburger Str. 28A; Alter
Stadtwächter, Schopenhauerstr. 31

Notdienstnummern

Polizei/Notruf: 110
Feuerwehr/Rettungsleitstelle: 112
Ärztlicher
Kassenärztlicher Notfalldienst:
                              116 117
Apotheken-Notdienst: (030) 118 80
· Klinikum Ernst-von-Bergmann
  Charlottenstr. 72   (0331) 24 10

Wetter

Potsdam befindet sich in 35 Meter
Höhe über dem Meeresspiegel auf
52° 24' nördlicher Breite und 13°
4' östlicher Länge. Im Winter fallen
die Temperaturen nur leicht unter
den Gefrierpunkt (Durchschnitt im
Januar -1°C), während im Sommer
nur selten Hitzeperioden von über
30°C herrschen. Es gibt durchschnittlich 160 heitere Tage und
35 Regentage.
aus: www.pik-potsdam.de

Schlösser und Gärten

Der Flatowturm und der
Pomonatempel sind nur an
Wochenenden und Feiertagen
und nur in der Sommersaison
geöffnet. Ab 2017 gilt das auch
für die bis dahin geschlossenen
Einrichtungen: Damenflügel von
Schloss Sanssouci, Normannischer
Turm, Belvedere/Klausberg und
Dampfmaschinenhaus.

Das Fotografieren und Filmen zu
privaten Zwecken ist in den Gartenanlagen erlaubt. Für die private
Fotos (ohne Blitz und ohne Stativ)
in den Schlössern wird eine Gebühr
von 3 Euro/Tag erhoben, sie gilt für
alle Schlösser.

Öffentliche Toiletten befinden sich
im Park Sanssouci: am Besucherzentrum, im Küchenflügel von
Schloss Sanssouci, im Neuen Palais,
am Kuhtor nahe der Römischen
Bäder, am Ende der Allee nach
Sanssouci.

Weitere Tipps: www.spsg.de

Baden und Schwimmen

Potsdamer Freibäder:
· Stadtbad Park Babelsberg
  Am Babelsberger Park 2
· Waldbad Templin
  Templiner Str. 110

Schwimmhallen:
· Bad Am Brauhausberg
  Max-Planck-Str. 15
· Kiezbad Am Stern
  Newtonstr. 12

www.swp-potsdam.de

Essen im historischen Ambiente 🍽️

nahe Park Sanssouci

❶ Mövenpick–Historische Mühle
An der Historischen Mühle 2 (H12)
Tel. (0331) 28 14 93
Restaurant in direkter Nachbarschaft
zum Schloss Sanssouci

❷ Drachenhaus (H10)
Maulbeerallee 4a
Tel. (0331) 505 38 08
Saisonale Küche und Torten aus eige-
ner Konditorei in chinesischer Pagode

❸ Brauhaus im Krongut (I11)
Bornstedt, Ribbeckstr. 6/7
Tel. (0331) 55 06 50
Deftige Speisen und hausgebrautes
Bornstedter Büffel Bier im Krongut

❹ Fredersdorf (G10)
Potsdam, Am Neuen Palais 3-10
Tel. (0331) 951 300 51
Preußische Speisen in barocker Ku-
lisse am Neuen Palais

Innenstadt

❺ Daily Coffee (G14)
Auf der Freundschaftsinsel
Tel. (0331) 200 88 37
Nettes Ausflugslokal direkt an der
Havel und Bootsanlegestelle

❻ Schmiede 9 (G13)
Am Neuen Markt 9a/b
Tel. (0331) 200 68 87
Einstige Schmiede im Kutschstallhof

❼ Waage (G13)
Am Neuen Markt 12
Tel. (0331) 817 06 74
Italienische Küche im alten Waage-
gebäude auf dem Neuen Markt

❽ Froschkasten (G13)
Kiezstr. 3–4, Tel. (0331) 29 13 15
Traditionelle Berliner Küche und
Fischspezialitäten

❾ La maison du chocolat (H14)
Benkertstr. 20
Tel. (0331) 237 07 30
Genuss im Holländischen Viertel:
die Tasse Chocolat ist ein Muss

Neuer Garten & Norden

❿ Meierei-Brauhaus (J14)
Im Neuen Garten 10
Tel. (0331) 704 32 11
Meierei im normannischen Burgen-
stil mit Blick auf die Havel

⓫ Alexandrowka Haus 1 (I13)
Russische Kolonie 1
Tel. (0331) 200 64 78
Typisch russische Speisen inmitten
der Russischen Siedlung

⓬ Garage du Pont (I16)
an der Glienicker Brücke
Berliner Str. 88
Tel. (0331) 87 09 32 72
Ungewöhnliche Mischung aus Restaurant, Café und Oldtimermuseum
in einer historischen Tankstelle aus
den 1930er Jahren

Babelsberg

⓭ Kleines Schloss (H16)
Park Babelsberg 9
Tel. (0331) 705156
Café mit anspruchsvoller Bio-Spei-
sekarte im Schlosspark Babelsberg

⓮ Bürgerhof (I17)
Waldmüllerstr. 4
Tel. (0331) 237 88 89
Deutsche Küche in traditionellem
Sommerlokal am Park Babelsberg
nahe der Glienicker Brücke

⓯ Gasthaus Moorlake (J17)
Moorlakeweg 6, 14109 Berlin
Tel. (030) 805 58 09
Forsthaus im bayrischen Stil mit
Biergarten und Blick auf die Havel

Empfehlung von:
Torsten Rüdinger
Museumsleiter der Historischen
Mühle Sanssouci

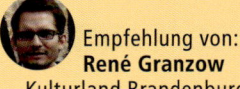

Empfehlung von:
René Granzow
Kulturland Brandenburg

16 Salz & Pfeffer (H13)
Brandenburger Str. 47, Potsdam
Tel. (0331) 200 27 77
„Im Salz & Pfeffer werden ordentlich große Pizzen aus dem Holzsteinofen serviert, von denen man auch wirklich satt wird."

17 Eismanufaktur (G13)
Brandenburger Str. 67, Potsdam
Tel. (0331) 702 04 98
„Es gibt ausgefallene Sachen – zum Beispiel Rote-Bete-Quark-Balsamico oder Zitronengras-Grüner-Tee-Eis. Und alles wird selbst hergestellt. Die Kuchen sind zum Mitnehmen, manche sind sogar vegan."

18 I Fratelli (G12)
Geschwister-Scholl-Str. 3, Potsdam
Tel. (0331) 979 22 40
„Im I Fratelli stimmt das Preis-Leistungs-Verhältnis. Und das schon seit sehr langer Zeit."

19 Forsthaus Templin (Ü)
Templiner Str. 102, Potsdam
Tel. (033209) 21 79 79
„In der Braumanufaktur am Templiner See wird die traditionelle ‚Potsdamer Stange' gebraut – ein Muss. Wer Hunger hat, sollte ein großes Bauernfrühstück bestellen."

20 Fährhaus Caputh (Ü)
Straße d. Einheit 88, Schwielowsee
Tel. (033209) 702 03
„Eine sehr bodenständige Ausflugsgaststätte ohne Schickimicki mit freundlicher Bedienung. Man sitzt am Wasser und kann in Ruhe Enten und Schwalben beobachten."

21 Restaurant am Pfingstberg
Große Weinmeisterstr. 43b, Potsdam
Tel. (0331) 29 35 33   (J14)
„Man muss für die wunderschöne Aussicht hoch hinaus, aber die seit 25 Jahren familiengeführte Gaststätte punktet auch mit regionalen Spezialitäten. Der Entenbraten bei ‚Kades' zur Weihnachtszeit ist mittlerweile mehr als ein Geheimtipp"

22 Pane e vino (H13)
Friedrich-Ebert-Str. 35, Potsdam
Tel. (0331) 200 79 00
„Das kleine Restaurant nahe dem Nauener Tor bietet handgemachte Pasta mit interessanten Geschmackskombinationen und hochwertige Weine bei nettem Ambiente. Offene Schauküche."

23 Soup Bistro (H13)
Gutenbergstr. 22, Potsdam
Tel. (0331) 201 16 11
„Früher zählte Suppe zur Armenspeisung. Heute lockt das Soup Bistro jedermann, vor allem zur Mittagspause. Da gibt es täglich bis zu sechs frisch gekochte Suppen zu moderaten Preisen: von der Kartoffelsuppe über verschiedene Fischsuppen bis hin zur Arabischen Spinatsuppe mit Kichererbsen."

24 Backstoltz (G13)
Dortustr. 59, Potsdam
Tel. (0331) 201 29 29
„Direkt an der Einkaufsmeile Brandenburger Straße gelegen, ist es zwar klein, aber sehr fein. Man kann wunderbar den Flanierenden zuschauen. Es kann passieren, dass man auf Anhieb keinen Platz bekommt. Besonders empfehlenswert sind der hausgemachte Kuchen und die leckeren Quiches."

Potsdamer empfehlen

Empfehlung von:
Marion Reinsch
Apart Pension Babelsberg

[25] Piazza Toscana (Ü)
Rudolf-Breitscheid-Str. 177, Potsdam
Tel. (0331) 237 84 44
„Alles wird frisch gekocht und
zubereitet. Unsere Gäste sind sehr
zufrieden. Es sollte vorab reserviert
werden, da immer gut besucht."

[26] Sportrestaurant Hiemke (G16)
Karl-Gruhl-Str. 55, Potsdam
Tel. (0331) 748 05 96
„Urige authentische Kiezkneipe mit
guter deutscher Küche und tollem
Service im historischen Webervier-
tel Babelsbergs. Viele Außenplätze
und treues Stammpublikum."

[27] ‚Albers' am Griebnitzsee (Ü)
Rudolf-Breitscheid-Str. 201, Potsdam
Tel. (0331) 740 42 88
„Rustikales Ambiente direkt am
Bahnhof Griebnitzsee mit freund-
lichem Service, guter Küche und
vielen Außenplätzen."

[28] Steakhaus Lorado Mirabell
Rudolf-Breitscheid-Str. 63, Potsdam
Tel. (0331) 70 47 66 77   (F17)
„Super Steakangebot und gemüt-
liche Atmosphäre."

[29] Nudeltopper in Babelsberg
Plantagenstr. 26, Potsdam   (G17)
Tel. (0331) 74 21 94
„Ganz kleine Eckkneipe – im
Sommer mit Biergarten – mit preis-
werter deutscher Hausmannskost
und Fußball-live-Übertragung."

[30] Restaurant Café Loft (G13)
Brandenburger Str. 30-31, Potsdam
Tel. (0331) 951 01 02
„Genießen Sie die Aussicht hoch
über den Dächern der Potsdamer
City bei freundlicher Bedienung."

Empfehlung von:
Madleen Köppen
Social-Media-Koordinatorin im
Rathaus Potsdam

[31] Zana´s (H13)
Friedrich-Ebert-Str. 87, Potsdam
Tel. (0176) 101 594 21
„Ist in jedem Fall zur Mittagspause
empfehlenswert. Es gibt grüne
Smoothies, knackige Salate, lecke-
re Obstbecher ..."

[32] Belmundo kauf- und essbar
Jägerstr. 40, Potsdam   (H13)
Tel. (0331) 231 848 22
„Im Belmundo kann man man Gutes
essen und Schönes kaufen. Die
Krumpir-Speisekarte (Grillkartof-
feln) führt einmal durch die ganze
Welt. Die Gerichte werden jeweils
frisch zubereitet, die Auswahl ist
grandios, und bei gutem Wetter
kann man draußen sitzen."

**[33] Et cetera -
Café im Bildungsforum** (G14)
Am Kanal 47, Potsdam
service@whga.net
„Das kleine feine Café für Zwi-
schendurch mit tollen Kaffees, guten Snacks und feinen Kuchen."

**[34] Café Art Potsdam im Potsdam
Museum – Forum für Kunst und
Geschichte** (G14)
Am Alten Markt 9, Potsdam
Tel. (0151) 511 165 93
„Die Cookies und Kuchen sind ein-
fach unwiderstehlich."

[35] Café Guam (H13)
Mittelstr. 38, Potsdam
info@cafe-guam.de
„Wunderbaren Käsekuchen in einer
riesigen Auswahl in tollem Flair
bietet das Café Guam im Holländischen Viertel – Käsekuchen so
weit das Auge reicht."

- Ausstellung zu 900 Jahren Landesgeschichte

- Sonderausstellungen

- Führungen

- Familienprogramme

- Lesungen und Musik

- Vorträge und Gespräche

- Polnischer Sternenmarkt

Geschichte und Kultur im Denkmal erleben

Haus der Brandenburgisch-
Preußischen Geschichte
Kutschstall
Am Neuen Markt 9
14467 Potsdam
Tel: 0331/62085-50

Di bis Do	10–17 Uhr
Fr bis So und	
an Feiertagen	10–18 Uhr

Das Haus ist rollstuhlgerecht
ausgestattet.

Die historische Gewölbehalle
steht auch für private Feste
zur Verfügung.

www.hbpg.de

Fotos: Hagen Immel, André Stiebitz,
Joachim Liebe, HBPG

Haus der
Brandenburgisch
Preußischen
Geschichte

Museen

Der „**Tag des offenen Denkmals**" findet jährlich deutschlandweit am 2. Sonntag im September statt. An diesem Tag bieten auch die Potsdamer Museen Sonderführungen in sonst nicht zugängliche Bereiche. Zahlreiche historische Gebäude sind nur an diesem Tag geöffnet.

Potsdam Museum – Forum für Kunst und Geschichte
Moderne Präsentation der Stadtgeschichte in historischen Räumen (S. 58)
Am Alten Markt 9, Tel. (0331) 289 68 08
Di, Mi, Fr   10–17, Do   10–19,
Sa, So, feiertags   10–18 Uhr

Naturkundemuseum
Fauna und Flora des Landes Brandenburg mit Aquarium (S. 66)
Breite Str. 13, Tel. (0331) 289 67 07
Di–So   9–17 Uhr

Haus der Brandenburgisch-Preußischen Geschichte
„Land, Leute und Geschichten aus Brandenburg-Preußen" (S. 60)
Kutschstall, Am Neuen Markt 9
Tel. (0331) 620 85 50
Di–Do   10–17,
Fr–So, feiertags   10–18 Uhr

Historische Mühle
Voll funktionsfähiger Nachbau eines „Galerieholländers" von 1790 (S. 50)
Maulbeerallee 5, Tel. (0331) 550 68 51
April–Okt. täglich   10–18 Uhr
Nov., Jan.–März Sa, So   10–16 Uhr

Museum Alexandrowka
Ein Einblick in die kleine Welt dieser russischen Siedlung (S. 113)
Alexandrowka Haus 2
Tel. (0331) 817 02 03
Di–So   10–18 Uhr

Filmmuseum Potsdam
100 Jahre Babelsberger Filmstudios, wechselnde Ausstellungen (S. 62)
Breite Straße 1a, Tel. (0331) 271 81 0
Di–So   10–18 Uhr

Jan-Bouman-Haus
Das restaurierte Holländerhaus ist in seinem Ursprung erlebbar (S. 81)
Mittelstr. 8, Tel. (0331) 280 37 73
Mo–Fr   13–18 Uhr
Sa, So und feiertags 11–18 Uhr

Nowaweser Weberstube
Geschichte der Weber- und Spinnerkolonie Nowawes (S. 128)
Karl-Liebknecht-Str. 23
Tel. (0331) 50 03 74
Di und Do   13–16 Uhr

Gedenkstätte Lindenstr. 54
Ehemaliges Untersuchungsgefängnis für politisch Inhaftierte (S. 85)
Lindenstr. 54, Tel. (0331) 289 61 36
Di–So   10–18 Uhr

Ehemaliges KGB-Gefängnis
als Gefängnis missbrauchte Villa, ehemals „verbotene Stadt" (S. 109)
Leistikowstr. 1, Tel. (0331) 201 15 40
Di–So   14–18 Uhr

Museum Fluxus+
Moderne Kunst, auf anregende Weise präsentiert (S. 72)
Schiffbauergasse 4f
Tel. (0331) 601 08 90
Mi–So   13–18 Uhr

S-Bahn-Museum
80 Jahre Verkehrsgeschichte
Rudolf-Breitscheid-Str. 203
Tel. (030) 63 49 70 76
an jedem zweiten Wochenende von April bis November 11–17 Uhr

Mit der **Kombikarte für Museumsbesucher** können für 12 Euro vier Museen (*Filmmuseum Potsdam, Haus der Brandenburgisch-Preußischen Geschichte, Naturkundemuseum, Potsdam Museum*) besichtigt werden. Erhältlich in den einzelnen Museen und in den Tourist-Informationen.

Wo Einkaufen Spaß macht

Einkaufen in Potsdam macht am meisten in der **Altstadt** Spaß: im Holländischen Viertel und im Quartier rechts und links der Brandenburger Straße. Hier hat sich die anregende Mischung von Wohnen, Arbeiten, Einkaufen und Kulturerlebnis erhalten. Antiquariate, Modeboutiquen, Kosmetik- und Spezialitätengeschäfte bieten das Nichtalltägliche. Mehrere Antiquitätenläden gibt es hier. Manche Entdeckung bieten die Innenhöfe Lindenhof, Luisenforum und andere. Insgesamt haben sich in der Potsdamer Innenstadt rund 500 Geschäfte angesiedelt.

An der Brandenburger Straße steht Potsdams einziges Warenhaus, das **Stadtpalais** . Hinter einer 100 Jahre alten denkmalgeschützten Fassade entstand ein moderner Einkaufstempel. Prunkstück ist ein Lichthof, der sich über drei Etagen erstreckt.

Wer mehrere Geschäfte unter einem Dach sucht, ist im **MarktCenter** an der Breiten Straße 25–27 richtig. 35 Geschäfte und 16 Marktstände haben sich hier versammelt. Am zentralen Platz der Einheit befindet sich die **WilhelmGalerie** . Hier gilt: Einkaufen und Genießen.

In den **Bahnhofspassagen** im Potsdamer Hauptbahnhof sind rund 65 Fachgeschäfte und Dienstleistungsbetriebe zu finden. Außerdem die UCI-Kinowelt mit 8 modernen Kinosälen.

In **Babelsberg** sind es die Läden entlang der Karl-Liebknecht-Straße und in den Seitenstraßen, die zum Shoppen animieren. Der **Weberpark** in der Tuchmacherstraße ist das Einkaufszentrum dieses Quartiers. Die Händler haben sich mit einem Gütesiegel zu besonderer Freundlichkeit verpflichtet.

Potsdams größte Einkaufspassage ist das **SternCenter** im südöstlichen Vorort Drewitz, an der Schnellstraße zur Autobahn gelegen. Dort reihen sich 85 Fachgeschäfte, darunter ein Warenhaus, vier Bekleidungs- und Modehäuser und zahlreiche gastronomische Einrichtungen aneinander.

Souvenirs, Ansichtskarten und Bildbände gibt es am Luisenplatz 3 bei der **Tourist Information**.

Bei „**Potsdam to Go**" (Ecke Dortustr.) und in den „**Handwerksstuben**" (Haus Nr. 64) findet man nicht nur Erinnerungen an den Potsdam-Besuch, sondern an Deutschland.

Ebenfalls in der Brandenburger Straße erwartet „**Fritz & Theodor**" den Besucher mit ausgesuchten Souvenirs, Bollhagen-Keramik und Reiseliteratur.

Wer einmal eingetaucht ist in die Welt der Könige und Kaiser, der Filmstars und Gelehrten, der möchte manches noch genauer wissen. Das „**Internationale Buch**" an der Ecke Friedrich-Ebert-Straße/Brandenburger Straße hält das umfangreichste Sortiment an Literatur über und aus Potsdam bereit, außerdem Reiseführer und Radwanderkarten.

Auch die größeren **Museumsshops** in den Potsdamer Schlössern bieten neben Souvenirs ein breites Sortiment an Literatur zur brandenburgisch-preußischen Geschichte sowie an Erläuterungen der Parks und Schlösser.

Einkaufen auf dem Bauernhof — Karte Umschlagseite hinten

Garantierte Frische, biologischer Anbau, artgerechte Aufzucht, günstige Preise und ganz besondere, regionaltypische Angebote – rund um Potsdam haben sich Scheunen und Ställe in Bauernmärkte verwandelt.
Im nahen Werderaner Obstanbaugebiet hat Selbstpflücken eine lange Tradition. Erdbeeren, Kirschen, Äpfel und vieles andere mehr schmecken selbst geerntet gleich viel besser. Um Werder laden rund ein Dutzend Bauernhöfe dazu ein (siehe Karte hinterer Umschlag). www.obstmucker.de
Passend dazu: das Obstbaumuseum Werder, Kirchstr. 6–7, 14542 Werder

❶ Neumanns Erntegarten
Am Heineberg 2
14469 Potsdam-Bornim
Hofladen: auch an Wochenenden
geöffnet (Mo, Di Ruhetag)
Obstbaubetrieb mit kontrollierter
Produktion, Selbsternte, Hofladen
mit umfangreichem Angebot

❷ Obstgut Marquardt
Dorfstr. 10
14476 Potsdam OT Satzkorn
tgl. von 9–18 Uhr geöffnet
Obstscheune an der B 273
Erlebniseinkauf und Selbsternte
von Kirschen, Äpfeln und Birnen,
Hoffeste mit Scheunenmarkt

**❸ Sanddorn-Garten Petzow
Christine Berger GmbH & Co. KG**
Fercher Str. 60
14542 Werder (Havel) OT Petzow
Mo–Fr 10–17 und Sa, So 10–18 Uhr
Sanddornprodukte in riesiger Auswahl – von Marmeladen über Liköre
bis Kosmetika; Käse und Wurst vom
Erzeuger, Bio-Obst und -Gemüse

**❹ Obst- und Gemüsehof
„Teltower Rübchen"**
Ruhlsdorfer Str. 74, 14513 Teltow
Hofladen:
tgl. von 9–19 Uhr geöffnet
Das Teltower Rübchen ist eine Spezialität, die auf kargen Böden bestens
gedeiht. Zunächst ein Essen armer
Leute, später Delikatesse an Fürstenhöfen, auch Goethe aß es sehr gern.
Rübchenfest am letzten So im Sept.

❺ Weinbau Dr. Lindicke
Am Plessower Eck 2
14542 Werder (Havel)
Weinbergsführungen,
Straußwirtschaft „Weintiene"

❻ Spargelhof Klaistow
Buschmann & Winkelmann
Glindower Str. 28
14547 Beelitz OT Klaistow
Marktscheune, bäuerliche Hofbäckerei, Landfleischerei, Marktstände,
Scheunenrestaurant, Naturwildgehege, Kremserfahrten, Kletterwald

weitere Spargelhöfe in der Nähe:

❼ Spargelhof Josef Jakobs
Kähnsdorfer Weg 1A
14547 Beelitz

❽ Landwirt Karl-Ludwig Syring
Trebbiner Str. 69F
14547 Beelitz OT Zauchwitz

❾ Spargelhof am Storchennest
Harald Heinrich
Dorfstr. 25
14547 Beelitz OT Rieben

❿ Spargelhof Elsholz
Fam. Henschel
Bahnhofsweg 2A
14547 Beelitz OT Elsholz

⓫ Spargelland Hoppenrade
Knoblaucher Weg 8K
14641 Wustermark OT Hoppenrade

Register der Potsdamer Sehenswürdigkeiten

(Die Nummern in den Klammern geben die Koordinaten auf dem MiniStadtPlan an).)

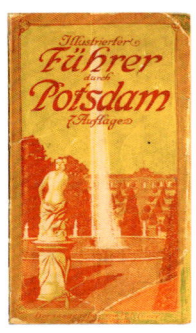

Potsdam. Der illustrierte Stadtführer
erscheint in der Tradition von „Illustrierter Führer
durch Potsdam", der vom Hoflithografen Robert
Müller erarbeitet wurde. Ab der 7. Auflage 1908 gab
ihn der Potsdamer Verkehrs-Verein als ein gemeinsames Projekt der an der Entwicklung des Tourismus
interessierten Geschäftsleute heraus.

Der Verlag dankt der Stiftung Preußische Schlösser
und Gärten Berlin-Brandenburg, insbesondere der
Fotothek, für die freundliche Unterstützung.

Impressum:
Erschienen bei Edition Terra,
einer Marke der terra press GmbH
Albrechtstr. 18, 10117 Berlin
Maulbeerallee 5, 14467 Potsdam
Tel. (030) 27 58 17 56 0
info@terra-press.de
www.terra-press.de
6. Auflage: 2016
ISBN: 978-3-942917-26-1

Konzept, Text:
Joachim Nölte, terra press GmbH

Gestaltung, Grafiken, Karten:
terra press GmbH Berlin
www.terra-press.de

Druck:
Druckteam Berlin

Fotos: Archiv Waisenhaus 66; Bach
7; Biosphäre 9, 116; Extavium 131;
Filmpark Babelsberg 9, 117, 130,
131; Haus der Brandenburgisch-
Preußischen Geschichte 60; Nikolaisaal Potsdam 64; Schwarzer 50,
80; SPSG/Murza 43, 123; SPSG 14;
SPSG/Handrick 20, 99; SPSG/Pfauder
22; Verein Pfingstberg 110; Bildarchiv
Preußischer Kulturbesitz/Lehnartz
109; AbenteuerPark Potsdam 132;
Gyssling 140; alle übrigen: Stiftung
Preußische Schlösser und Gärten Berlin-Brandenburg (SPSG)/terra press,
Nölte, Heimann, Kotte

Bibliografische Information der Deutschen Bibliothek:
Die Deutsche Bibliothek verzeichnet
diese Publikation in der Deutschen
Nationalbibliografie; detaillierte bibliografische Daten sind im Internet
unter http://dnb.ddb.de abrufbar.

Alle Angaben in diesem Buch wurden nach bestem Wissen recher-
chiert. Sollten sich dennoch Fehler
eingeschlichen haben, bedankt sich
der Verlag für jeden Hinweis.